BIRGIT KELLE

GENDER**GAGA**

GENDER GAGA

WIE EINE ABSURDE IDEOLOGIE UNSEREN ALLTAG EROBERN WILL

adeo

Inhalt

Der Kaiser ist nackt

Kennen Sie diesen Gender? Nein? Er ist in aller Munde, frisst sich durch Budgets und nervt. Gender Mainstreaming ist überall. 20 Jahre lang hat es sich unaufhaltsam von oben die politischen Hierarchie-Ebenen runtergearbeitet bis auf den letzten Schreibtisch von Gleichstellungsbeauftragten, Kirchen, Unternehmen und Ämtern – und jetzt haben wir den Salat. So langsam schwant immer mehr Bürgern, dass diese aberwitzige Ideologie von zweifelhaftem Sinn und Nutzen ist, dafür aber zielsicher Steuergelder vernichtet.

Während also kaum jemand begreift, was da alles im Namen von „Gender Mainstreaming" geschieht, oder gar in zwei, drei vernünftigen Sätzen erklären kann, was das alles soll, hat es sich als politische Handlungsmaxime in unserer Politik festgemauert. Ohne gesellschaftliche Diskussion und Legitimation, ohne Parlamentsbeschluss. Da sitzt es jetzt, gekommen, um zu bleiben – und wir zahlen alle fleißig mit.

Die Methode dieses Siegeszuges war sehr einfach: Man setze einen angestrengten Gesichtsausdruck auf, um den Ernst der Lage zu verdeutlichen. Das ist hier schließlich kein Spaß, sondern mindestens eine Sache auf Leben und Tod. Man erfinde eine derart absurde Theorie, dass dem Gegenüber der Mund staunend offen stehen bleibt. Verpacke das Ganze gut in Fachwort-Kauderwelsch mit wissenschaftlichem Klang unter dem

Deckmantel von „Frauenförderung" und „Gleichstellung", und voilà – niemand wird widersprechen, denn schließlich will ja keiner in die frauenfeindliche Macho-Ecke gestellt werden.

Fragt man Protagonisten der Szene, was denn Gender Mainstreaming genau ist, bekommt man nicht selten die Antwort: „Also, für mich ist das …" Für mich zum Beispiel ist es Real-Satire, andere wiederum verstehen darunter Gleichstellung, Frauenförderung, Gerechtigkeit, Kampf gegen Diskriminierung, gegen Homophobie, gegen Transphobie und wahrscheinlich auch gegen Phobie-Phobie. Gerne wird auch Rosinenpickerei betrieben: Das nehme ich, das nehme ich nicht. Gender Mainstreaming ist also eine wahre Wundertüte, ein Potpourri an Maßnahmen, Programmen, Forschungen, Studien, Projekten und Stuhlkreisen.

Eine ganze Gender-Industrie mit Tausenden Beschäftigten lebt heute mit Lehrstühlen, Instituten und Beauftragten davon, uns alle zu politisch korrekten, geschlechtssensiblen Mitbürgern zu erziehen. Gebeten hatte keiner darum, um Zustimmung wurde von Anfang an gar nicht erst geworben. Es muss unserem Land wirklich großartig gehen, wenn wir die Zeit und das Geld haben, uns mit einer derartigen Verve in Luxusdebatten zu stürzen. Und es gibt ja auch noch so viel zu tun, um alle vermeintlichen Geschlechts-Diskriminierungen aufzuspüren. Anschließend müssen noch all diejenigen von der Relevanz der Gender-Perspektive bis in den letzten Winkel unseres gesellschaftlichen Lebens überzeugt werden, die bislang keine Ahnung davon hatten, dass sie Täter oder gar Opfer sind in dieser „determinierenden Zwangsheteronormativität", aus der man sie befreien könnte, wenn sie denn endlich einsehen würden, dass sie ein Problem haben.

Wer aber auch nach zahlreichen Gender-Theorie-Abhandlungen das Ganze immer noch nicht begriffen hat, alternativ noch verwirrter ist als vorher, der liefert zudem praktischerweise die Begründung für weitere Gender-Budgets gleich mit. Denn man sieht ja, es ist noch eine Menge Arbeit nötig, bis alle alles verstanden haben, wo es nichts zu verstehen gibt – eine Gelddruckmaschine! Da müssen „Ängste überwunden" und „Vorurteile abgebaut" werden. Denn logisch: Wer den Gender-Kram ablehnt, kompensiert damit nur seine eigenen versteckten Ängste, schleichende Vorurteile und bestimmt auch die eigene, im tiefsten Inneren vergrabene sexuelle Vielfalt, die er oder sie sich einfach nicht eingestehen will.

Als Sahnehäubchen wird selbst die unwahrscheinliche Annahme, dass Gender Mainstreaming tatsächlich irgendjemandem etwas nützt oder das Verhältnis zwischen den Geschlechtern verbessert, zusätzlich durch einen systemimmanenten Fehler ad absurdum geführt: Erfolgreiche Geschlechterarbeit macht sich selbst überflüssig. Denn wohin mit all den Lehrstühlen, Gleichstellungsbeauftragten und Instituten, wenn es gar kein Problem zwischen den Geschlechtern mehr gibt? Diejenigen, die das Problem zu lösen vorgeben, gefährden durch gute Arbeit ihre wirtschaftliche Existenz. Bei Erfolg droht Arbeitslosigkeit. Also muss es immer weiter Probleme geben, im Zweifel muss man sie an den Haaren herbeiziehen oder, um im Gender-Jargon zu bleiben, dann muss man sie eben „konstruieren". Hauptsache, die Kohle fließt weiter.

Prinzen in rosa Kleidern

„Auf die Tatsache, dass der Kaiser nackt ist, reagiert der Linke mit einem Diskurs über Bekleidetsein als soziales Konstrukt", schrieb einst der Journalist und Autor Michael Klonovsky. Analog reagiert der Gender-Experte auf die Tatsache, dass der Kaiser ein Mann ist, mit einem Diskurs über Geschlecht als soziales Konstrukt. Nackt ist er trotzdem. Genauso nackt, wie die ganze

Gender-Forschung auch nach vielen Jahren immer noch dasteht und einen Beweis ihrer bahnbrechenden Hypothese schuldig geblieben ist, wonach das biologische Geschlecht keine Relevanz besitzt und stattdessen das „soziale" Geschlecht zählt.

Und so betrachten wir alle staunend den nackten Kaiser und konstruieren ihm pompöse Kleider an den Leib, weil sich keiner traut, diese Maschinerie zu stoppen. Wo bleibt das Kind, das die naive Wahrheit ausspricht?

Der Gender-Kaiser ist nackt.

Sicher haben Sie als Mann noch nie über die Möglichkeit nachgedacht, dass Ihr Penis möglicherweise nur ein soziales Konstrukt ist, das Ihnen aufgrund besagter „Zwangsheteronormativität" vorgaukelt, tatsächlich männlicher Natur zu sein. Alles nur Konstruktion! Geschlecht ist heute wählbar, veränderbar. Der moderne Mensch bestimmt es selbst. Free your mind! Sprengen Sie die biologischen Fesseln und öffnen Sie sich der Auswahl von drei, 20, 60 oder gar 4000 verschiedenen Geschlechtsvarianten, die angeblich heute schon zur Verfügung stehen. Ist das nicht herrlich, diese Freiheit, diese Auswahl? So viel Auswahl haben sie nicht einmal an der Wursttheke im Supermarkt Ihres Vertrauens. Alles kann, nichts muss – das gilt nicht länger nur für Swingerklubs, sondern jetzt auch für den Hausgebrauch.

Die Länge der Geschlechter-Liste hängt übrigens davon ab, welchen selbsternannten Gender-Experten Sie zur „sexuellen Vielfalt" der Menschheit befragen und wie weit dieser biologische Tatsachen aus seinem Weltbild ausblendet.

Mein lieber Mann, was hätten Sie doch für eine sensible Frau werden können, hätte man Sie nicht von klein auf in Ihrem geschlechtlichen Spektrum eingeschränkt! Ihre Mama hat Ihnen gesagt, Sie seien ein Junge, und Sie haben womöglich auch noch an Karneval ein Cowboykostüm inklusive Revolver bekommen? Oh, oh, so viele sexistische Stereotype auf einmal. Logisch, dass Sie als „angry white man", als wütender weißer Mann, enden mussten, dem mit seinem testosterongeschwängerten Weltbild gerade die Felle davonschwimmen.

Niemand hat Ihnen jemals das Prinzessinnenkleid angeboten, um Ihre weibliche, trans-bi-sonstwas-sexuelle Seite zu entdecken? Ja, das ist schade. Doch keine Sorge, Ihnen kann immer noch geholfen werden! Ach was – Ihnen *muss* geholfen werden, zu Ihrem eigenen Besten und zu unser aller Wohl. Schließlich sind Sie als heterosexueller und womöglich noch weißer Mann ein ständiger Bremsklotz für den finalen Aufbruch des gesamten Universums über den Regenbogen hinaus in den geschlechtersensiblen Sonnenuntergang, und damit stehen Sie zu Recht ganz oben auf der Abschussliste. Und da wollen Sie doch nicht ernsthaft bleiben!

Gender-Paradox für Fortgeschrittene

Für uns Frauen ist die Sache insofern ein bisschen einfacher, weil wir allein schon qua Geschlecht immer auf der kuschelig warmen und politisch korrekten Opferseite stehen. Gut, es ist ein bisschen paradox, dass die Gender-Aktivistinnen das biologische Geschlecht ständig als irrelevante „determinierende" und damit unterdrückende Kategorie abschaffen wollen, gleichzeitig in der Frauenfrage aber immer explizit auf ihrer biologischen Weiblichkeit beharren. Aber das werden Sie im Laufe dieses Buches noch lernen: Ein Gender-Paradoxon erledigt den wissenschaftlichen Anspruch nicht, es fordert ihn lediglich heraus!

Wieder eine Begründung für weitere Budgets oder wenigstens noch zwei, drei Lehrstühle mehr. Dabei spielt es überhaupt keine Rolle, ob Sie sich als Frau tatsächlich als Opfer fühlen oder längst auf der Sonnenseite des Systems stehen. Praktischerweise kommt hinzu, dass wir dank der sogenannten „intersektionalen" Gender-Forschung, neben den „Queer-Studies", einer weiteren Spielart für fortgeschrittene „Gendernauten", jetzt auch noch Mehrfachdiskriminierungen geltend machen können.

Also, ich zum Beispiel bin einer Doppeldiskriminierung ausgesetzt, weil Frau (Opfer) und Migrantin (auch Opfer). Wäre ich jetzt noch lesbisch oder wenigstens bisexuell und zusätzlich mit einem dunklen Teint gesegnet, könnte ich gleich eine mögliche Vierfachdiskriminierung geltend machen als nichtweißer, homosexueller Mensch mit Migrations- und Menstruations-Hintergrund.

Allerdings kriege ich Abzüge in der B-Note, weil ich freiwillig mit einem weißen Mann verheiratet bin und zudem über ein Jahrzehnt im Status einer Hausfrau verharrte. Damit habe ich zur Verfestigung patriarchaler Strukturen und zur Aufrechterhaltung gesellschaftlich überholter, sexistischer und unterdrückender Lebensmodelle wie der Ehe zwischen nur einem Mann und nur einer Frau beigetragen. Meine Weigerung, meine sexuelle Identität zu hinterfragen, und mein öffentliches Beharren darauf, dass ich mich weder durch die Grammatik unserer Sprache noch durch fehlende Frauenquoten diskriminiert fühle und mich zudem täglich an meiner natürlichen Weiblichkeit inklusive Mutterschaft erfreue, zeugt zudem von einer veränderungsunwilligen, engstirnigen Geisteshaltung mit dringender Therapiebedürftigkeit. „Biologistisch und kleingeistig" war daher das unerbittliche Urteil über meine genderresistente Einstellung, ausgesprochen von einer lesbischen Medien-Kollegin. Die hat ihren Doppelopfer-Status immerhin sicher und muss es daher besser wissen.

Mein Schicksal als Überläuferin auf die Täter-Seite trotz biologischer Opfer-Weiblichkeit scheint also durch lupenreine Beweisführung längst besiegelt. Allerdings bin ich nicht allein, sondern in bester Gesellschaft beim Strafsitzen in der genderunsensiblen Ecke. Denn die natürlichen Gegner von Gender Mainstreaming sind schon allein der gesunde Menschenverstand, die Naturwissenschaften, der liebe Gott und nicht zuletzt diese doofe Grammatik der deutschen Sprache. Doch das hält eine_*n echte_*n Gender-Eiferer_*In nicht auf ihrer/sein_*er Mission auf, unsere Welt gendersensibel zu gestalten.

Deutsche Sprache, böse Sprache

Das Wort „natürlich" sollte in diesem Zusammenhang nur noch mit Vorsicht und von Menschen mit starkem Rückgrat benutzt werden, wenn man sich nicht verdächtig machen will. Schließlich outet man sich damit automatisch als rückständiger, biologistischer, fundamentalistischer, antifeministischer, intoleranter, im schlimmsten Fall auch noch christlicher und damit ganz sicher homophober Mitmensch, der in überholten Weltbildern verhaftet ist und sein Geschlecht empörenderweise ohne vorherige Diskussion im Stuhlkreis einfach durch einen Blick in den Badezimmerspiegel bestimmen kann. In der Summe sprechen wir hier also zweifellos von der Mehrheit der Weltbevölkerung. Damit wird es in der genderunsensiblen Ecke durch die Menschenmassen langsam eng und man braucht angesichts der gewaltigen Aufgabe nicht extra zu betonen: Hier ist Gefahr im Verzug. Angesichts dieses massenhaften reaktionären Widerstandes muss die Gender-Front überall gleichzeitig angreifen, um Herr/Frau/Es/Wasauchimmer der Lage zu werden.

Und so wird munter gegendert, was das Zeug hält. Das Lieblingsspielzeug der Protagonist_*Innen dieser Szene ist die

Sprache. Sie muss als Erstes eliminiert werden, weil sie schon morgens beim Brötchenkauf Diskriminierungen produziert.

Die Universität zu Leipzig wähnte sich 2013 noch in der gender-sensiblen Vorreiter_Innen-Stellung, indem sie auch alle männlichen Professoren im Plural zu Professorinnen umbenannte. Damit ist die Frauenquote an der Uni Leipzig zwar schlagartig auf 100 Prozent gestiegen, manche von diesen Professorinnen haben allerdings einen Penis – und leider nicht einmal Frauenparkplätze dafür bekommen.

Dennoch hat man in Leipzig einen Kardinalfehler begangen, denn immer noch bewegt man sich in der sprachlichen Welt von Mann und Frau. Was ist mit all den anderen Geschlechtern? Anfängerfehler, liebe Uni Leipzig! Die Kollegen der Humboldt-Universität Berlin sind da schon weiter und haben vorgebaut, sodass Sie ab sofort Ihren Bäcker morgens sprachlich neutral mit „wissenschaftlicher" Absolution als „Bäcka" oder „Bäckerx" ansprechen können. Sie outen sich damit keineswegs als Legastheniker, sondern lassen ihm damit ganz gendersensibel den Weg in die transsexuelle, bisexuelle und sonstwiesexuelle Backstube frei. Unser Verkehrsministerium hat seine amtlichen Papiere längst gegendert, dort sind Radfahrerinnen endlich auch für die Straße freigegeben, indem wir nur noch von Radfahrenden sprechen dürfen. Gleichstellungsbeauftragte erstellen Zensurlisten für Wörter, die wir nicht mehr benutzen sollen, damit wir Frauen fortan nicht mehr unsensibel als „Heulsusen" oder als „Milchmädchen" samt Rechnung bezeichnen.

George Orwell hatte in seinem weitsichtigen Roman „1984" bereits das „Neusprech" erfunden, heute würde er vermutlich neidvoll erblassen angesichts der Kreativität verbissener Diskriminierungsjäger. Vielleicht dreht er sich aber auch nur im Grab um. Fehlt nur noch ein Ministerium für Wahrheit in der Sprache.

Genderunsensible Strukturen lauern jedoch nicht nur in der Sprache, sondern überall. Die Berliner Ampelmännchen konfrontieren täglich Millionen Frauen in der Hauptstadt mit patriarchalen Strukturen, deswegen wird es jetzt auch Ampelweibchen geben. Ich persönlich freue mich schon auf die Klagen der Transsexuellen-Verbände in dieser Sache. Immerhin haben diese in Berlin schon Unisextoiletten erhalten, also eine dritte Tür, um angesichts eines dringenden Bedürfnisses nicht mehr ihr Geschlecht bestimmen oder sich gar outen zu müssen.

Suchet, und ihr werdet finden! Und so findet sich in jeder Verwaltung Geschlechterungerechtigkeit. Die Budgets müssen daraufhin überprüft werden, ob gleich viele Frauen wie Männer davon profitieren – dafür haben wir jetzt „Gender-Budgeting". Auf Spielplätzen sind bundesweit mehr Jungs als Mädchen zu sehen – gegen diese Ungerechtigkeit bauen wir jetzt „gendersensible Spielplätze". Als Mammutaufgabe steht noch die Gender-Perspektive für alle Studiengänge vor uns, die Pläne liegen dank staatlicher Subventionierung bereits in Schubladen bereit. Wir brauchen doch die Gender-Perspektive auf Chemie und Mathematik, nicht einmal Robotertechnik bleibt verschont.

In der Bildungspolitik sind bereits dank progressiver Landesregierungen erste Schritte eingeleitet worden, damit unsere Kinder von klein auf gendersensibel erzogen werden können und ihre persönliche sexuelle Vielfalt auch in der Grundschule schon reflektieren dürfen. Man kann ja nicht darauf vertrauen, dass sie in den „stereotypen", rückständigen Elternhäusern mit in der Regel heterosexuellen und womöglich noch verheirateten Eltern genug sexuelle Perspektive und Vielfalt erfahren. Ja, es ist doch geradezu staatliche Aufgabe, die armen Kinder aus dieser „zwangsheteronormativen Matrix" zu befreien!

Sprache, Bildung, Erziehung, Verwaltung, Geldströme – auch das reicht noch nicht. Dank „Gender Studies" wissen wir noch viel mehr, nämlich wie die Gender-Perspektive im Wald aussieht und dass Pferde gänzlich genderunsensibel auf ihre Reiter reagieren. Gut, dass wir darüber gesprochen haben, dafür geben wir gern Geld aus.

Jetzt gilt es nur noch eine letzte Bastion zu erstürmen: die Religion. Was insofern konsequent ist, als die ganze Gender-Bewegung etwas Sakrales an sich hat. Sie forscht ja nicht, sie verkündet Wahrheiten. Es ist ein bisschen wie mit Bachblüten: Man muss dran glauben, denn beweisen lässt es sich nicht. Also absolut kompatibel als Ersatzreligion.

Gut, dass sich vor allem die Evangelische Kirche in Deutschland dieser großen Aufgabe bedingungslos verschrieben hat, zuletzt mit der Einrichtung eines eigenen Gender-Zentrums mit sechsstelligem Jahresbudget. Gender-TheologInnen sind hier am Werke, damit auch der Himmel am Ende gendersensibel wird. Es ist ja wirklich untragbar, dass mit Vater, Sohn und Heiligem Geist die himmlische Frauenquote bei null Prozent verharrt! Und mit diesem himmlischen Vater muss man sowieso noch ein ernstes Wörtchen reden, was ihm eigentlich dabei eingefallen ist, den Menschen als Mann und Frau zu schaffen und damit alle anderen Geschlechter zu diskriminieren. Sie sehen schon, Göttlichkeit schützt vor Strafe nicht.

Doch halt! Kein Grund, angesichts dieses Irrsinns von der Brücke zu springen, denn man kann es auch positiv betrachten: Selten hatte eine Ideologie mit Weltverbesserungsanspruch einen derart großen Unterhaltungsfaktor. Und deswegen hat Gender Mainstreaming es verdient, als das betrachtet zu werden, was es ist: eine große Satireshow.

Bühne frei!

1. Vom Kreißsaal auf die schiefe Bahn

Das Übel nimmt seinen Lauf, jedes Mal, wenn wir den Mund aufmachen. Daher schon mal vorweg die Warnung: Jeder von uns läuft täglich Gefahr, sich genderunsensibel zu verhalten, vor allem diejenigen, die nichts davon ahnen.

Allein schon die Benutzung der grammatikalisch korrekten deutschen Sprache produziert täglich millionenfach Diskriminierung in Deutschland, einfach nur dadurch, dass wir die Dinge beim Namen nennen und – richtig: ihnen dadurch ein Geschlecht zuweisen.

„Guten Morgen, Herr Kollege" – schon ist man in der Bredouille. Denn sicher haben sich die meisten Menschen noch nie die Frage gestellt, ob es sich bei dem Herrn Kollegen wirklich um einen Mann handelt, der auch ein Mann sein wollte, oder ob er nicht eher zum Mann gemacht wurde. So wie ja auch die Mutter aller Feministinnen, Simone de Beauvoir, schon wusste, dass wir nicht als Frau geboren werden, sondern durch gesellschaftlichen Druck zur Frau gemacht werden. Der gendersensible Mensch weiß: Die Gesellschaft weist uns allein schon durch die Sprache unseren Platz in der Hackordnung zu, und klar ist auch: Frauen sitzen dann nur am Katzentisch.

Judith Butler, eine der bekanntesten Gender-Theoretikerinnen, hat uns dankenswerterweise schon vor Jahren darauf hingewiesen, dass man nie früh genug mit der gendersensiblen

Sprache anfangen kann. Denn, so ihr Beispiel, allein schon der Ausspruch der Hebamme „Es ist ein Mädchen!" sei demnach nicht einfach eine Beschreibung des ziemlich Offensichtlichen, sondern eine Zuschreibung: „Du sollst ein Mädchen sein!"

Schlimmste „Determinierung" also bereits im Kreißsaal, und schon gerät ein junges Leben auf die schiefe Bahn. Anschließend geben wir dem Kind auch noch einen niedlichen Mädchennamen und verfestigen das weibliche Konstrukt damit zusätzlich – von rosa Haarspangen wollen wir gar nicht erst anfangen. Wir haben das arme Kind also ganz unbedacht in ein Mädchenleben geschubst und nehmen ihm damit die Chance, jemals ein prima Junge oder eines der anderen Geschlechter zu werden. Gefangen in der vielzitierten „heterosexuellen Matrix".

Man sieht also: Unbedacht ausgesprochene Wörter ruinieren Menschenleben, deswegen war unsere Sprache von Anfang an das liebste Steckenpferd der Gender-Front. Wörter sind überall. Gesprochen, geschrieben, in Gesellschaft, in Zeitungen, im Fernsehen, in den Nachrichten, in Verwaltungen, in Lehrplänen, in Schulbüchern, in Kinderbüchern, in amtlichen Dokumenten, in Rechtsvorschriften, einfach allgegenwärtig. Wörter produzieren also nach dieser Theorie andauernd Geschlechtsunterschiede und befördern sexistische Stereotype. Es gibt Handlungsbedarf! Der größte Coup der Bewegung war es, das Wort „Gender" überhaupt in Umlauf zu bekommen. Geschlecht, das ist ein schönes altes deutsches Wort, warum können wir es nicht weiterbenutzen? Warum hat man weltweit den englischen Begriff „Sex" durch „Gender" ersetzt? Während mit „Geschlecht" ganz klar männlich und weiblich definierbar ist – Stichwort Badezimmerspiegel –, ist „Gender" die Wundertüte, in die jeder reinpackt, was er selbst unter Geschlecht versteht.

Jeder Plural der deutschen Sprache endet männlich: Studenten, Piloten, Bürgermeister, Astronauten … die Liste ließe sich beliebig fortsetzen und alle Begriffe haben eines gemeinsam: Frauen bleiben, so der Vorwurf, sprachlich unsichtbar. Und damit sind wir mitten im Problem. Wo ist die Pilotin, die Bürgermeisterin, die Studentin? Eben!

Nun habe ich persönlich mich als Frau zwar noch nie durch den deutschen Plural diskriminiert oder gar unsichtbar gefühlt, aber auch das schon mal grundsätzlich vorweg: Es spielt keine Rolle. Frauen wie ich sind nur der lebende Beweis dafür, wie sehr wir uns bereits in dieser Rollenzuweisung am Katzentisch eingerichtet haben und warum aus Sicht der Gender-Expertinnen gerade wir es nötig haben, auf unsere sprachliche Opferrolle hingewiesen und aus ihr gerettet zu werden. Vermutlich brauche ich dringend ein Seminar zur Erlangung von Gender-Kompetenz.

Das Binnen-I und andere Absurditäten

Um dieser fortgesetzten Missachtung der weiblichen Welt zu begegnen, hat sich das sogenannte „Binnen-I" schon lange in unsere Sprache eingeschlichen. Kein Politiker, der gewählt werden will, verzichtet heute auf die Ansprache „liebe Wählerinnen und Wähler" oder „liebe Bürgerinnen und Bürger". Übrigens auch keine Politikerin. Das macht Reden und Ansprachen zäh, lang und nervtötend, aber wo das Damoklesschwert der Frauendiskriminierung droht, will keiner unter der Klinge stehen. Und so haben wir die weibliche Schreibweise inzwischen flächendeckend eingeführt, die dazu führt, dass Frauen jetzt real betrachtet zweimal genannt werden. Einmal im grammatikalisch korrekten Plural und einmal in der weiblichen Zusatzform. Doppelt gemoppelt hält einfach besser. Ist nicht so viel Platz auf dem Papier, wird das Binnen-I einfach eingefügt. BürgermeisterInnen,

PilotInnen, StudentInnen. Da blutet Sprachliebhabern das Herz, aber es ist gendersensibel.

Wenn man es jedoch konsequent durchdenkt, ist allein die besondere Berücksichtigung von PilotInnen, Bürgermeister-Innen und weiteren GenossInnen der Brisanz der Lage nicht einmal annähernd angemessen. Ein großes I allein macht noch keinen Sommer und eine weibliche BundeskanzlerIn noch keine geschlechtsrevolutionäre Zeitenwende.

Unsere ganze Sprache ist genau genommen derart geschlecht-lich bipolar vorgestanzt, sexistisch und stereotyp, dass man sich der Sache grundsätzlich annehmen müsste, um wahre sprach-liche Gerechtigkeit zwischen Männern und Frauen einzuführen. Was tun mit Wörtern wie Vaterland oder Muttererde? Ist es nicht auch das Land unserer Mütter und die Erde unserer Vä-ter? Weg damit! Es schafft nur Verwirrung und grenzt ganz un-sensibel aus. Muttersprache, darf man das noch sagen, jetzt, wo auch Väter vermehrt mit ihren Kindern sprechen, oder grenzt man damit nicht Millionen von Erziehungsberechtigten aus? Angesichts der Tatsache, dass Kinder sowieso zunehmend nicht von ihrer Mutter, sondern in der Kita sprechen lernen sollen, wäre „Kitasprache" vermutlich die korrekteste Ausdrucksweise und dazu auch noch familienpolitisch modern und geschlechts-neutral.

Der Macht ist männlich

Nahezu extrem wird es in Anbetracht der geschlechtszuwei-senden Artikel: „die" Macht – da lacht einem doch als Frau der blanke Hohn ins Gesicht. Macht soll weiblich sein? Haben wir nicht gelernt, dass uns die Macht ständig vom Patriarchat vor-enthalten wird? Da müssten wir natürlich konsequenterwei-se den Artikel tauschen. Der Macht ist männlich. Erst nach

20 Jahren Frauenquote können wir das Thema vorsichtig noch einmal aufrollen und auf Realitätsnähe hin überprüfen. Mein Gott (Vorsicht, Fettnäpfchen!), wie ich die englischsprachigen Länder beneide um ihr gendersensibles „the".

Wenn ich es mir genau überlege, kommt die weibliche Seite sprachlich in vielen Bereichen nicht sonderlich gut weg. Die Angst, die Scham, die Niedertracht, die Häme, die Zwietracht, die Verwirrung. Alles nicht sonderlich schmeichelhaft und dazu auch noch unfair. Hinzu kommt noch Verwirrendes: die Toleranz, aber auch die Intoleranz, die Dummheit und die Klugheit, die Selbstsucht und die Hingabe – alles weiblich besetzt, hebt sich aber gegenseitig auf. Ja, was denn nun?

Auch auf männlicher Seite sieht es nicht immer sensibel aus: Der Hass, der Zorn, der Krieg, der Kampf, der Untergang, der Sturm – eindeutig kriegsbeladen und aggressiv, wo wir doch wissen, dass die neuen Männer so sensibel geworden sind. Wer erkennt das endlich auch sprachlich an? Die Liebe ist immer noch weiblich; das ist nahezu ein Affront für jede anständige, moderne Beziehung auf Augenhöhe. Auch die Schönheit, die Familie, die Gerechtigkeit, die Lust, die Leidenschaft. Alles weiblich besetzt. So geht das doch nicht! Konsequent hingegen die warme Sonne und der kalte Mond: da ist das Klischee noch in Ordnung. Die Vergewaltigung ist dann auch noch weiblich, obwohl die Täter in der Regel männlich sind. Wer denkt sich denn so was aus? Und dann erst die Religion: die Hölle, aber der Himmel. Das ist wirklich nicht fair, meine Herren, auch wenn der Teufel als Quotenmann nach unten zu uns durchgereicht wurde!

Ja, Sie merken sicher schon, es gibt noch viel zu tun für eine geschlechtergerechte Sprache in unserer Welt, und das Ganze muss dann natürlich auch in Brüssel auf Europaebene in allen Sprachen einheitlich umgesetzt werden. Ein Ministerium für gendersensible Sprache wäre erst einmal ein angemessener Anfang. Was für eine Arbeit! Und die Ersten haben sich schon ans Werk gemacht.

Leipziger Vorreiterinnenstellung

Gäbe es einen Preis für die besonders grausame Misshandlung der deutschen Sprache – die Universität Leipzig hätte ihn sich redlich verdient. Über 2000 Jahre Unterdrückung sind genug, deswegen gibt es seit Sommer 2013 nur noch Professorinnen im Plural an der ehrwürdigen Alma Mater. Mit einer unvergleichlichen Vorreiterinnenstellung hat man den Spieß einfach umgedreht: Sollen die Männer doch fortan sprachlich unsichtbar sein! In den Dokumenten der Universität gibt es jetzt also nur noch Professorinnen.

Nun weiß ich selbstverständlich, dass bei dieser Entscheidung nicht nur Frauen, sondern auch Männer ihre Finger im Spiel hatten. Schlimmer noch, der Vorschlag kam doch von einem Mann. Entnervt über die langwierigen Diskussionen über Schrägstriche und zusätzliche weibliche Bezeichnungen in Schriftstücken hatte der Physikprofessor Dr. Josef Käs den Vorschlag gemacht, dann doch einfach ausschließlich die weibliche Form im Plural einzusetzen. Sollte das ein Scherz gewesen sein, ging der Schuss jedenfalls mächtig nach hinten los. Denn nicht nur zu Käs' eigener Überraschung fand der Vorschlag eine Mehrheit bei der Abstimmung. Demnach gibt es mit den Professorinnen nur noch weibliches Potenzial, das als Täterinnen bei der Beerdigung einer langen deutschen Sprachtradition infrage kommt. Sie haben es so gewollt! Sprachmörderinnen. Auch ein schönes neues Wort.

Das stellt einen Meilenstein auch für die Männerfront dar. Endlich können Männer alle negativen Begriffe wie Mörder,

Täter, Vergewaltiger, Terrorist, Straftäter und was sonst noch niemals in gendersensibler, weiblicher Form in einer Nachrichtensendung auftaucht, an die weibliche Weltbevölkerung weiterreichen, sollte sich die weibliche Pluralendung überall durchsetzen. Bislang hat frau sich ja nur die sprachlichen Sahnehäubchen abgeholt. Forderungen aus einschlägigen Kreisen haben noch nie die Müllmänner infrage gestellt, obwohl theoretisch auch Müllfrauen diesen Beruf mit Hingabe ausüben könnten. Und jetzt, da wir auch die Bundeswehr dank weiblicher Verteidigungsministerin gendersensibel gestalten, wäre es wirklich angebracht, dass die deutsche Friedensbewegung ihre Parole in „Soldatinnen sind Mörderinnen" umtauft. Niemals werden „Terroristinnen und Terroristen" in der Tagesschau extra genannt, obwohl gerade wir in Deutschland hier doch sozusagen Vorreiterinnen vorzuweisen haben. Warum haben wir denn keine Straftäterinnenstatistik und keine Obdachlosinnenunterkünfte? Warum hat noch nie eine Gleichstellungsbewegte gefordert, endlich von Vergewaltigerinnen zu sprechen?

Merke: sprachliche Gleichstellung soll es nur dort geben, wo es nutzt, wo es schön ist, positiv, Richtung Regenbogen und Sonnenuntergang! Die negativen Begriffe können Sie gerne behalten, meine Herren, wir Frauen nehmen nur die Rosinen!

Die Entscheidung in Leipzig ist zudem historisch, vielleicht sogar der Durchbruch in der Frauenbewegung und könnte zusätzlich das Problem des von manchen immer noch viel zu gering betrachteten Frauenanteils in DAX-Vorständen mit einem Schlag lösen. Überall 100 Prozent DAX-Vorständinnen! Wunderbar! Lässt sich so was eigentlich patentieren?

In Leipzig war man jedenfalls sehr stolz auf diesen Entschluss, unsere gesamte Sprachtradition samt Grammatik auf den Kopf zu stellen. Endlich ist die Zeit der Unterdrückung vorbei, in der sich frau in den maskulinen Terminus einreihen musste, ohne gesonderte Erwähnung. „Jetzt läuft das mal andersrum", freute sich dementsprechend spontan die Ökonomin Prof. Dr. Friederike Maier, Gutachterin des Netzwerks Gender Equality and Employment der EU-Kommission, über den Leipziger Vorstoß. Sie betrachtete ihn gar als einen „Akt der Notwehr".

Genau! An die Waffen, meine Damen! Es wurde wirklich Zeit, dass frau sich wehrt und sich jetzt stattdessen Männer schlecht fühlen können, weil sie sprachlich nicht existieren. Im Krieg der Geschlechter darf man nicht zimperlich sein. Ab sofort wird zurückgeschlagen, allerdings nicht mit Schwertern, sondern mit Briefpapier.

Frauenparkplätze für die Herren Professorinnen

Noch ist das Potenzial dieser Entscheidung gar nicht voll ausgeschöpft. Die ganze Weltgeschichte ließe sich mit diesem Trick rückwirkend umschreiben und zu einer Erfolgsstory weiblicher Wissenschaft umdeuten. Ich bin sicher, dass sich sofort ein Gender-Studies-Lehrstuhl an die Arbeit gemacht hat und Frau Siegmund Freud hätte sicher seine Freude daran. Vielleicht ist dem Rektorat der ehrwürdigen „Alma Mater Lipsiensis", immerhin die zweitälteste Universität Deutschlands, auch einfach nur das eigene Motto zu Kopf gestiegen: „Aus Tradition Grenzen überschreiten". Das zumindest sollte man mit diesem Unsinn geschafft haben, und es wird sicher ein Meilenstein im Uniarchiv, das jetzt aber vermutlich auch erst mal gendersensibel umgeschrieben werden muss. Man will sich aber gar nicht vorstellen, welche Grenze man als Nächstes in Leipzig einreißt.

Fragen über Fragen türmen sich nun spontan auf. Werden jetzt auch die Herrentoiletten an der Uni abgeschafft? In Zeiten moderner Unisex-Toiletten wäre das ein konsequenter Schritt in die richtige Richtung. Werden auch die Herren Hausmeisterinnen zwangsweise in die Verweiblichung eingeschlossen? Immerhin tragen sie ja in der Regel sowieso bereits weiblich anmutende Kittel. Oder fokussiert man sich bei dieser Entscheidung nur auf die prestigeträchtigen Berufsbezeichnungen, siehe Stichwort „Sahnehäubchen"? Zumindest ein paar Frauenparkplätze hätten die Herren Professorinnen als Gegenleistung für diese Entscheidung aushandeln können – oder heißt es jetzt Herrinnen?

Ungeklärt ist auch, wie ziviler Ungehorsam fortan geahndet wird, sollte ein StudentIn es einfach nicht über die Lippen bekommen, seinen/ihren MitbewohnerIn oder einen alten ProfessorIn mit Bart als Frau anzusprechen. Hundertmal an die Tafel schreiben: „Er ist eine Frau"? Nachsitzen auf der Frauentoilette? Man weiß es nicht. Bitte, liebes Rektorat, es muss zumindest ein kleines Handbuch für den/die ungeübte/n StudentIn mit nachvollziehbaren Anfangsschwierigkeiten im gendersensiblen Neusprech geben.

Ich stelle mir vor, wie demnächst eine Delegation Wissenschaftler aus dem Ausland an der Universität Leipzig einen Gastbesuch antritt und bei der Begrüßung mit den Worten: „Guten Tag, die Herren Professorinnen" irritiert dreinschaut. Ja, das wird ein großer Spaß und bringt unseren weltweiten Ruf als seltsames Volk sicher ein ganzes Stück voran.

Man weiß nicht, ob man lachen oder weinen soll, aber die Herren Dozentinnen, Professorinnen und Mitarbeiterinnen können sich zumindest fortan rühmen, eine Vorreiterinnenstellung eingenommen zu haben auf dem langen Weg des Gender Mainstreaming in Richtung Balla-Balla.

2. Weibliche Zebrastreifen

Dass die Schweizer schon immer ein bisschen anders waren, ist mehr als eine Binsenweisheit. Es macht einen Großteil ihres Nationalstolzes aus. Niemand kann sagen, ob die frische Alpenluft in abgeschiedenen Bergdörfern dafür verantwortlich ist, aber die kleine Schweiz schritt bereits 2010 innovativ Richtung gendersensiblem Neusprech, als Deutschland noch im sprachlichen Dornröschenschlaf ruhte. Der freie Alpenblick öffnet anscheinend nicht nur die Perspektive nach Italien und Frankreich, sondern auch auf sprachliches Neuland.

So war die Stadt Bern die erste im deutschsprachigen Europa, die sich in ihren amtlichen Dokumenten mit diskriminierenden Begriffen befasste, um endlich Gleichberechtigung zwischen den Geschlechtern herzustellen. Der Schweizer legte schon immer Wert auf Neutralität, jetzt ist sie auch sprachlich gewährleistet. Und was hat man sich als dringendstes Problem zuerst vorgenommen?

Genau: die Begriffe „Vater" und „Mutter". In Bern gilt nun die amtliche Empfehlung, diese biologistischen und deswegen auf jeden Fall sehr ausgrenzenden Begriffe durch „Elter 1" und „Elter 2" zu ersetzen. Schließlich könnte sonst jeder gleich auf den Gedanken kommen, dass eine Mutter eine Frau ist und ein Vater ein Mann. Oder gar, dass jedes Kind eine Mutter und einen Vater hat, auch Eltern genannt. „Na und?", werden Sie sich denken.

„So ist es doch!" Und genau dadurch outen Sie sich als absolut unwissend hinsichtlich moderner Geschlechter- und Familienformen, die der neuen sexuellen Vielfalt gerecht werden. Die Stadt Bern tut Ihnen also genau genommen einen Gefallen, indem Sie mittels Benutzung moderner Sprachschöpfungen nicht sofort als Veränderungsunwilliger und Ewiggestriger erkannt werden. Danke, Bern!

Richtig ist nämlich nur, dass Kinder in der Regel von Erwachsenen großgezogen werden, Elternschaft aus gendersensibler Perspektive aber eine ganz verzwickte Sache ist. Wohin mit dem Vater, wenn ein Kind bei zwei Frauen groß wird? Und in welches Formular dürfen sich zwei Väter eintragen, wenn dort nach einer Mutter gefragt wird? Eben, so geht das nicht. Denn wenn Geschlecht angeblich nur noch eine soziale Konstruktion ist, dann ist es Elternschaft konsequenterweise allemal. Unter „Elter 1" und „Elter 2" kann sich also unabhängig von Geschlecht jeder eintragen, der tatsächlich Elternteil ist, und auch derjenige, der gerne Elternteil wäre. Damit ist zumindest sprachlich der Weg schon mal geebnet für das Adoptionsrecht von Homosexuellen, und die paar rechtlichen Hürden, die dem noch im Wege stehen, werden schon noch eingerissen. Auch für den Fall, dass Vater oder Mutter auf halber Strecke das Geschlecht wechseln, was ja nach modernem Verständnis jeden Morgen neu passieren kann, ist vorgesorgt. Wenn aus „Papa" plötzlich „Erika" wird, ist „Elter 2" dem sprachlich deutlich besser gewachsen als die Kategorie „Vater".

Flotter Eltern-Dreier

Aber auch die Berner haben nicht mit der Partei der GrünenInnen in Deutschland gerechnet, sonst wäre ihnen gleich aufgefallen, dass es im Formular auch noch „Elter 3" geben müsste, oder vielleicht auch 4 oder 5. Die besonders fortschrittliche deutsche Partei hat nämlich nicht nur das Konzept der „sozialen Elternschaft"[1] bereits auf ihrer Homepage vorgestellt, nein, man plädiert auch dafür, rechtlich die Möglichkeit eines dritten Elternteils zu schaffen. Damit kann ein Kind dann weitere Elternteile bekommen, die dann zwar nicht biologisch, aber sozial mit ihm verbunden sind. Alles nur Konstruktion, und keine Sorge, die Kinder finden das sicher voll cool.

Wenn Mutti also beispielsweise Vati verlässt, um mit dem Rainer eine neue Beziehung einzugehen, kann Rainer sich nach diesem Konzept als „sozialer Vater" eintragen lassen. Dumm wird es nur, wenn Rainer die Mutti plötzlich nicht mehr mag. Dann kann er zwar ohne weiteren Kommentar an Mutti einfach die Koffer packen und gehen, hat aber immer noch das soziale Kind an der Backe, denn von diesem muss er erst von einem Gericht wieder getrennt werden, sonst bleibt er nämlich unterhaltspflichtig. Gleiches gilt natürlich auch, falls Mutti gar nicht auszieht, um mit dem Rainer zusammenzuziehen, sondern mit der Sabine.

Oder schauen wir nach England, dort haben Forscher erstmals Embryonen mit dem Erbmaterial von drei Menschen gezeugt[2]. Wenn das erst mal salonfähig wird, ist es doch das Mindeste, dass alle drei Eltern auch in der Geburtsurkunde erscheinen. Ganz kompliziert wird es dank moderner Fortpflanzungs-Technik sowieso noch, wenn Leihmutterschaft in Deutschland legal wird. Der alte lateinische Spruch: „Mater semper certa est" – die Mutter ist immer sicher – erscheint dann nur noch als Treppenwitz der Geschichte.

Wer ist denn bitteschön die Mutter, wenn ein Kind mittels Samenspende und Eizellspende von einer Leihmutter ausgetragen wird, um anschließend von zwei lesbischen Frauen adoptiert zu werden? Da brauchen wir allein schon für die Kategorie „Mutter" vier Zeilen. Kommt noch ein biologischer Vater oder vielleicht ein sozialer Vater hinzu, hat das Kind theoretisch sechs Elternteile. Gut, keiner hat behauptet, dass die Sache einfach werden wird, und für Geschlechtergerechtigkeit müssen wir uns eben alle ein bisschen anstrengen.

Doch Bern geht noch weiter und hat sich auch den praktischen Alltagsproblemen gestellt. Man hat beispielsweise den Schweizer „Fußgängerüberweg" abgeschafft. Schließlich diskriminiert das die Fußgängerinnen oder zwingt sie gar, männliche Wege zu beschreiten. Sicher sind Ihnen bei Besuchen in Bern auch schon umherirrende Frauen aufgefallen, die verzweifelt nach Wegen suchten, auf weibliche Art die Straße zu überqueren. Manchmal harrten sie stundenlang an Kreuzungen aus, denn nirgendwo konnten sie adäquat über die Straße gehen, ohne sich minderwertig zu fühlen.

Jetzt gibt es dafür den guten alten „Zebrastreifen" in Bern. Das ist nicht nur frauen-, sondern auch tierfreundlich. Zwei Fliegen mit einer Klappe! Es sei denn, Sie haben gar kein Zebra dabei, sondern nur einen schnöden Hund, den Sie darüberzerren können, oder einen Kinderwagen, dann wird es natürlich schwierig. Nicht final geklärt werden konnte, ob es sich um weibliche oder männliche Zebras handelt und ob es aus veganer Sicht in Ordnung ist, den Rücken eines Tieres zum Überqueren einer Straße zu nutzen. Rein symbolisch trampelt man ja immerhin auf dem Tier herum.

Sprachplanieren auf der Flaniermeile

Offenbar angeregt durch die Schweizer Sprachkultur hat sich auch unser deutsches Verkehrsministerium von der geschlechtssensiblen Euphorie anstecken lassen und es den Bernern nachgetan. Der Verkehr in Deutschland ist jetzt gendersensibel geregelt.

Nun soll es Verkehr zwar schon immer gegeben haben, gerade zwischen Männern und Frauen und selbst auf der Straße. Jetzt ist er aber auch sensibel, zumindest sprachlich. Fußgängerinnen in Deutschland waren analog zur Schweiz eben auch benachteiligt. Dass ausgerechnet ein „angry white man" in Gestalt von CSU-Verkehrsminister Peter Ramsauer hier feministisch an vorderster Front kämpfte, wäre vermutlich keiner Feministin im Traum eingefallen. Vielleicht war er es auch leid, sich mit Straßenbelägen, Endlosbaustellen und Verkehrsbehinderungen zu beschäftigen. Frauenförderung ist da weitaus sexier und lässt sich medial auch besser verkaufen.

Die Straßenverkehrsordnung ist also seit 1. April 2013 an das „Erfordernis der sprachlichen Gleichbehandlung von Mann und Frau" angepasst. Seither gibt es keine Fußgänger mehr in Deutschland, sondern nur noch „Zu Fuß Gehende"; keine Radfahrer mehr, sondern „Radfahrende". Natürlich ebenso keine Autofahrer mehr, denn auch Frauen haben schließlich einen Führerschein. Fußgängerzonen, sprachlich bislang den Frauen verwehrt, werden zu „Flaniermeilen". Das kommt einem angesichts der traurigen Zustände in manchen Innenstädten zwar nur schwer über die Lippen, aber dafür dürfen Frauen jetzt auch sprachbarrierefrei zum Einkaufen gehen. Sicher bringen diese Maßnahmen nicht nur die Emanzipation, sondern auch den Einzelhandel ein ganzes Stück weiter, und dafür nehmen wir doch gern in Kauf, dass sämtliche amtlichen Dokumente umgeschrieben, Drucksachen, Gesetze und Broschüren neu aufgelegt werden müssen.

Sprachliche Gleichstellung muss man sich schon etwas kosten lassen! Baden-Württemberg zum Beispiel hat auch investiert:

Hier hat man Mitte 2014 das Studentenwerk endlich umbenannt in – Sie ahnen es sicher schon – „Studierendenwerk". Die Studentinnen waren wohl vorher auf dem Campus unsichtbar, obwohl sie an den Universitäten die Hälfte der „Studierenden" stellen. Die Kosten gehen in die Hunderttausende. Jeder Briefkopf, jedes Eingangsschild muss verändert werden. Die Satzungen müssen in jeder einzelnen Stadt geändert und natürlich notariell neu beurkundet, Homepages umgeschrieben und jeder einzelne „Studierendenausweis" in Baden-Württemberg erneuert werden.

Gut, man hätte das Geld auch in die Renovierung der „Studierendenwohnheime" stecken können, in die Ausstattung der Unis oder in das wissenschaftliche Personal. Aber jeder Studierende wird sicher einsehen, dass überfüllte Hörsäle und marode Wasserleitungen kein Argument sind, wenn höhere Ziele wie die Gleichstellung der Geschlechter erreicht werden müssen. Rückt halt ein bisschen zusammen im Hörsaal! Da kommen sich die Geschlechter auch gleich wieder viel näher.

Wenn Legastheniker-Träume wahr werden

Berlin ist nicht nur arm und sexy, sondern auch gendersensibel kreativ wie keine andere Stadt Deutschlands, wie Sie später noch lesen werden. Und so verwundert es nicht, dass dort die Humboldt-Universität unsere deutsche Sprache final aus der heterosexuellen Matrix befreit und den gendersensiblen Sprach-Olymp erklommen hat. Und was für eine Kreativität hier offenbar wird: da tummeln sich „Studierx", „Computa", „m@n" und wahllos verteilte Sternchen und Unterstriche in den Wörtern. Was sich wie der Satiregipfel in der ARD anhört, ist jetzt als Broschüre zum „Antidiskriminierenden Sprachhandeln" zu haben und soll helfen, eine gewaltvolle und unterdrückende zweigeschlechtlich geprägte Sprache in ihren Grundfesten zu demoralisieren und endlich den Weg freizugeben für alle Geschlechter unter besonderer Berücksichtigung von Frauen, die ja bekanntlich sprachliche Opfergruppe Nummer 1 sind.

Zu verdanken haben wir das den „Mitarbeitan" der Arbeitsgemeinschaft „Feministisch Sprachhandeln", die endlich die Kardinalfehler aus Leipzig beseitigt haben. Hatte man dort doch nur die „Professoren" in „Professorinnen" angegendert. Was für ein Anfängerfehler, liebe Leipziger, sich selbst nur einer Berufsgruppe und nur zweier Geschlechter anzunehmen, wo man doch die ganze Menschheit sprachlich hätte befreien können! Aber dafür haben wir jetzt Berlin, die Hauptstadt der Unisex-Toiletten.

Sprechen war ja gestern, heute wird „sprachgehandelt". Dass die deutsche Grammatik auf die beiden Geschlechter weiblich/männlich ausgerichtet ist, wird in der Broschüre entsprechend zur „zwangszweigegenderten" Attitüde. Man kann die Gewalt schon förmlich riechen, die aus den Zeilen schreit. „Sprachhandeln", weil Sprechen ja immer auch Handeln ist, siehe Judith Butler im Kreißsaal. „Feministisch Sprachhandeln", weil Sprache immer auch Machtverhältnisse widerspiegele und jeder, der in einer Formulierung nicht explizit genannt wird, natürlich mutwillig ausgeschlossen bleibt. Daher muss die weibliche Perspektive also unbedingt eingebracht werden, um Diskriminierung zu vermeiden.

Gut, das ist in sich wieder einmal inkonsequent, denn Feminismus ist wieder nur für die Frau da, wie der Name schon sagt, wo wir doch hier 4000 Geschlechter sprachlich sichtbar machen müssten. Aber uns Frauen traut man eben dank feministischer, also geübter Opferperspektive die Weitsicht und das sprachliche Feingefühl einfach zu, all die Gewalt, den Rassismus und Sexismus in der Sprache endlich zu beseitigen.

Und so gibt es nun eine ganze Liste von Schreibweisen, die man verwenden kann, um nicht nur ein Geschlecht oder zwei, nein, ganz viele mit in die Sprache zu packen. Wir wollen schließlich keine Gewalt ausüben. Und wie leicht tappt man in die Falle, schon morgens beim Bäcker. Der geht laut Beispiel nicht mehr, denn es gibt ja auch Bäckerinnen. Die könnten wir zwar mit dem Binnen-I einschließen, aber wohin mit dem transsexuellen Bäcker, wie wird er im Sprachgebrauch sichtbar gemacht? Dafür haben wir jetzt Tabellen mit Anweisungen. Denn, so sagt die Broschüre, wir sollen kreativ sein. Wahllos verteilte Unterstriche, Sternchen, @-Zeichen oder Xe und As. „Irritieren" sollen wir mit der Sprache, hängen bleiben soll man daran. Alles kann, nichts muss – da ist es wieder, jetzt auch in der Sprache. Also Bäcka, Bäcker_Innen, Bäcker*Innen, Bä_ckerin, Bäckx. Wenn Sie sich nun fragen, wer damit gemeint ist, wäre das richtige Fragewort nicht mehr „Wer?" sondern „Wex?" Das Aussprechen der Sätze in der X-Reihe empfehle ich allerdings nur auf eigene Gefahr oder mit ärztlicher Begleitung.

Am besten gefällt mir sowieso die a-Form aus dem neuen Leitfaden. Die lustigen Sätze, die man damit bilden kann, erinnern mich im Sprachklang frappierend an die Geräuschkulisse in der S-Bahn, wenn das jugendliche Konfliktpotenzial sich lautstark unterhält: „Ey, Alda, machma leisa!" Die neue Sprache ist also nicht nur ein gendersensibler Akt, sondern auch ein Zeichen der Völkerverständigung, gewaltfrei und ausländerfreundlich. Toll! Ob die Jungs in der Straßenbahn aber wissen, dass sie damit zwar voll im Trend des gendersensiblen Sprachgebrauchs liegen, aber leider gleichzeitig an ihrem eigenen männlichen Ast sägen? Vermutlich nicht, und vermutlich ist ihnen das genauso herzlich egal wie den meisten Menschen in Deutschland. Müssten wir den ganzen Mist nur nicht mit unseren Steuergeldern bezahlen.

Was hat diese Broschüre eigentlich gekostet? Wie viel Geld wird damit verbraten, dass sich Universitäten damit beschäftigen, wie man Sprache mit allerlei frei erfundenen Schreibweisen so absurd gestalten kann, dass keiner mehr versteht, was gesagt werden soll? An manchen Universitäten riskiert man inzwischen Punktabzüge, wenn man Semesterarbeiten nicht in gendersensibler Sprache verfasst[3]. Merke: Grammatikalisch einwandfreies Deutsch reicht für gute Noten mancherorts nicht mehr aus.

Immerhin, ganze Generationen von Grundschülern werden dankbar aufatmen, liebe Humboldt-Universität. Denn wenn es an der Rechtschreibung hapert, kann der gendersensible Drittklässler jetzt auf universitäre Empfehlungen verweisen und einfach kreativ Sternchen, Unterstriche, As, Xe und @-Zeichen einfügen. Diktat leicht gemacht, „lieba Lehra"!

Wozu haben wir uns vor einigen Jahren nur diese leidige Rechtschreibreform an den Hals gehängt? Hätten wir doch gleich auf das gendergerechte Neusprech umgestellt! Kreatives Schreiben bekommt damit eine ganz neue Dimension. Nur der arme „Bildungsreforma" Wilhelm von Humboldt ist vermutlich froh, dass er schon lange tot ist.

Milchbübchenrechnung

Bei manchen Wörtern helfen allerdings auch Xe und As nicht mehr weiter. Sie sind in den Augen anderer Menschen derart hoffnungslos diskriminierend, dass sie komplett aus dem Sprachgebrauch eliminiert werden müssen. Das haben schon die Negerküsse leidvoll erfahren müssen und auch die Zigeunersoße ist in Gefahr, zur „Soße der fahrenden ethnischen Minderheiten" umbenannt zu werden. Mit ihr wird sicher auf absehbare Zeit Johann Strauss' „Zigeunerbaron" von den Opern-Bühnen verschwinden und auch das Lied über das lustige Zigeunerleben.

Diskriminierung, Sexismus, Rassismus – hier schlägt die intersektionale Gender-Forschung erbarmungslos zu und damit steht sprachlich einiges auf dem Index.

Besonders eifrig hatte sich in dieser Sache Anfang 2014 das Gleichstellungsbüro Düsseldorf unter Federführung der Gleichstellungsbeauftragten Elisabeth Wilfart ans Werk gemacht. Offenbar in Ermangelung irgendwelcher ernsthaften Gleichstellungsprobleme in der Landeshauptstadt hatte man die Muße, die Steuergelder in einen Sprachleitfaden zu stecken[4]. Unter dem Titel „Klartext! Arbeitshilfe für geschlechtergerechtes Formulieren" konnten wir alle lernen, welche Wörter fortan zu vermeiden sind. Diese Sprech-Leitfäden scheinen offenbar gerade sehr in Mode zu sein. Wenn das so weitergeht, wäre es möglicherweise bald einfacher, man würde eine Liste der Wörter erstellen, die wir noch benutzen dürfen, das ist dann kürzer und praktischer.

Düsseldorf schickte sich an, die Ehre der Milchmädchen samt ihrer Rechnungen zu retten. Aber auch die „Heulsuse" kam auf den Index – Männer heulen schließlich auch –, ebenso wie die „graue Maus" und das „Mauerblümchen". Ob man in Düsseldorf nicht wusste, dass derartige Sprachzensur-Versuche bereits 1989 ein gerichtliches Vorspiel hatten? Damals musste das Landgericht Darmstadt hochrichterlich festlegen, dass der Begriff „Altweibersommer" keine Verletzung der Persönlichkeitsrechte älterer Damen darstelle. Der Richter hatte damals offenbar sogar noch Humor: Er veröffentlichte das Urteil am 2. Februar, an „Altweiberfastnacht".[5]

Damit alle Leser aber auch gleich Lösungsansätze bekommen, enthielt der Düsseldorfer Leitfaden zusätzlich noch Alternativvorschläge. Da wird aus der Heulsuse „eine Person, die viel weint" und aus der „Mannschaft" das „Team", weil „Frauschaft" sich auch ganz schön blöd anhört. Aus dem „brüderlichen" wird das „gerechte" Teilen, denn Frauen können das auch, sozusagen schwesterlich. Geräte sind jetzt nicht mehr „benutzerfreundlich", sondern „leicht verständlich". In Düsseldorf sollte es schlagartig keine „Ansprechpartner" mehr geben, sondern nur noch „Ansprechpersonen". Auch der „alte Hase" sollte das Feld räumen zugunsten der „Fachkraft", denn auch Frauen könnten ja theoretisch „alte Häsinnen" sein; das wiederum birgt aber die Gefahr einer Altersdiskriminierung. In Düsseldorf wäre auch nicht mehr „Not am Mann", was angesichts fehlender Frauen in Führungspositionen sowieso ein Witz wäre, da wäre ja „Not an der Frau", stattdessen ist es jetzt eine geschlechtsneutrale „Notlage".

Der Spuk hatte schnell ein Ende, denn dass die Düsseldorfer sich einfach mal vorschreiben lassen, was sie noch sagen dürfen, war in der Tat eine echte Milchmädchenrechnung der Gleichstellungsbeauftragten. Der Oberbürgermeister sprach ein Machtwort, der Leitfaden, stadtintern als „Gutmenschen-Duden" und auch „Nippes-Feminismus" verlacht, wurde zur Hälfte eingedampft und ist im Internet nicht mehr zu haben, was schade ist, denn wir brauchen ja alle mal etwas zu lachen.

Das Wort „Jedermann" steht aber immer noch auf dem Düsseldorfer Index. Wir wollen also hoffen, dass das Düsseldorfer Schauspielhaus nicht in Erwägung zieht, das berühmte, gleichnamige Theaterstück von Hugo von Hofmannsthal zu inszenieren, sonst könnte es gleichstellungspolitisch in der Stadt doch noch zu Verwerfungen kommen, es sei denn, wir nennen es jetzt „Jederfrau".

Der Bundespräsident als Struktur-Sexist

Sprachliche Gleichstellung ist dabei immer auch ein Kampf gegen Sexismus. Und Sexismus lauert angeblich überall, wie wir seit der Brüderle-Debatte und dem „#aufschrei" ja alle wissen sollten. Wie wichtig ein Coaching im gendersensiblen Neusprech ist, musste Anfang 2013 auch unser Bundespräsident Joachim Gauck leidvoll erfahren. Ein präventiver Kurs in gendersensibler Sprache hätte ihn davor bewahren können. Die Sexismus-Debatte hatte die Nation gerade etwas ermüdet, die Tagesordnung wechselte umstandslos zum Pferdefleisch-Skandal. Pony in der Lasagne statt ellenlangen Lamentos über die richtigen Wörter und die politisch korrekte Annäherung zwischen Mann und Frau.

Da näherte sich der Weltfrauentag, und wie gut, dass Bundespräsident Gauck – sonst ein Garant für Ausgewogenheit, Ruhe und Differenziertheit –, sich dazu hatte hinreißen lassen, die Sexismusdebatte im Nachhinein zu kommentieren. Prompt waren die feministischen Damen aus der #aufschrei-Fraktion wieder empört. Dazu auch noch „verblüfft“, „erschüttert“, „irritiert“ und „bestürzt“. Das landete in Form eines offenen Briefs[6] nicht nur in Bellevue, sondern auch gleich in der Redaktion des „Spiegel“, um den nötigen medialen Aufmarsch zu organisieren. Was hatte Pastor Gauck verbrochen? Öffentlich zur Gewalt gegen Frauen aufgerufen? Nein, er sagte, dass er eine „gravierende, flächendeckende Fehlhaltung von Männern gegenüber Frauen [ ] hierzulande nicht erkennen“ könne und „wenn so ein Tugendfuror herrscht“, sei er weniger moralisch, als man es von ihm als ehemaligem Pfarrer vielleicht erwarten würde.

Ja, das geht natürlich zu weit. Da verharmlost jemand die Debatte, und Verharmloser verdienen die Höchststrafe. Und dann auch noch diese Wortwahl. „Tugendfuror“! Wo doch jeder weiß, dass das Wort „Furie“ im Zusammenhang mit Frauen völlig unangebracht und immer unpassend ist, da wir Frauen stets ausgeglichene Wesen sind, teamfähig, fair, emotional und hormonell stabil. Durch die Verwendung des Wortes „Tugendfuror“

bringe der Bundespräsident die traumatischen Erlebnisse von Frauen in Verbindung mit dem Wort „Furie", so die aufgeregten jungen Damen. Damit ist man dann bei #aufschrei gleich bei Begriffen wie „Hysterie" – den der Bundespräsident übrigens nicht benutzt hat, machte sich aber in einer Reihe ganz gut, um den Ernst der Lage zu verdeutlichen. Also bedient Gauck angeblich „jahrhundertealte Stereotype über Frauen – Stereotype, die sexistische Strukturen aufrechterhalten und Geschlechtergerechtigkeit im Weg stehen". Der Bundespräsident als Struktursexist. Als Verweigerer der Geschlechtergerechtigkeit. Fehlte nur noch eine Rücktrittsforderung!

Was lernen wir daraus: Vorbeugen ist besser als Nachsorgen. Beschneiden wir uns doch einfach selbst in vorauseilendem Gehorsam unseren Wortschatz. Dann möchte ich allerdings bitte nie wieder irgendwo lesen, dass eine Frau für „Furore" gesorgt hat. Das ist dann sexistisch, Frauen können so was nicht.

Alles „Egalia" in Schweden

Immer, wenn über Gender-Gerechtigkeit geredet wird, blickt man hierzulande neidvoll nach Skandinavien. Es gilt als gelobtes Land der Gleichberechtigung, und selbstredend ist man dort auch sprachlich schon deutlich weiter als wir. Schweden macht vor, wie man vermeiden kann, den Kollegen, wenn er denn einer ist, zu brüskieren, indem man ihn allein aufgrund seines möglicherweise männlichen Aussehens zu einem Mann erklärt: Schweden hat jetzt das Personalpronomen „hen" eingeführt.[7] Während „han" er und „hon" sie ist, ist „hen" jetzt neutral, aber nicht zu verwechseln mit „es". Die Schwedische Akademie, als Wissenschaftsrat der Gralshüter der schwedischen Sprache, hat angekündigt, die neue Wortschöpfung in ihre offizielle Liste schwedischer Wörter aufzunehmen.

Und so ist es sicher kein Zufall, dass der erste geschlechtsneutrale Kindergarten selbstredend in Stockholm seine Türen öffnete. „Egalia" ist sein Name, und das Wort ist Programm, denn Geschlecht ist dort egal. Es wird tunlichst vermieden, Kinder als Jungs oder als Mädchen anzusprechen, um sie bloß nicht in eine Ecke zu drängen und ihnen die „Entscheidung" über ihr eigenes Geschlecht offen zu lassen. Statt Mädchen und Jungen, Erzieherinnen oder Hausmeister, werden im Kindergarten „Egalia" alle als „Freunde" angesprochen; auch diejenigen, die sich nicht mögen.

Die Schweden scheinen auch als Erste erkannt zu haben, dass man die Gender-Revolution nur dann erfolgreich und flächendeckend umsetzen kann, wenn man bereits in jungen Jahren mit der gendersensiblen Erziehung beginnt. Während Sie also als Erwachsene möglicherweise bereits restlos in der heterosexuellen Matrix verloren sind und über das geschlechtliche Niveau des Badezimmerspiegels niemals mehr hinauskommen, können Ihre Kinder noch gerettet werden. Also muss man früh anfangen, am besten, noch bevor sie sprechen lernen. Damit stünde zumindest der nächsten Generation endlich sprachbarrierefreie Gender-Gerechtigkeit offen.

3. Gendergaga – 60 Ways to Leave Your Lover

Wie viele Geschlechter gibt es denn nun, werden Sie sich fragen, wenn die reine Unterscheidung „Mann" und „Frau" biologistisch und ungenügend ist? Hier helfen uns mal wieder die Amerikaner, was wir Deutschen ja nicht so gern haben. Diesmal machen wir aber eine Ausnahme, denn wir haben die Amerikaner überholt: bei uns gibt es zwei Geschlechter mehr als in den USA. In vertrauensvoller Zusammenarbeit mit Schwulen-, Lesben- und Transgenderverbänden hat das soziale Netzwerk Facebook nach Großbritannien und den USA jetzt auch für Deutschland die Möglichkeit geschaffen, sich sein Geschlecht selbst auszusuchen. Die Amis bringen es nur auf 58, die Briten dafür auf 70 Geschlechter, aber die fahren ja auch auf der falschen Straßenseite.

Die Abteilung „Dinge, die die Welt nicht braucht" ist damit um ein Kapitel reicher. Jeder ist das, was er fühlt. Bei Facebook ist das Gendergaga jetzt konsequent umgesetzt. Vergessen Sie den Badezimmerspiegel und die Chromosomen: Jeder ist, was er/sie/es/* sein will. Und wenn ich heute verkünde, dass mein Geschlecht ab sofort „Butch" ist, dann bin nicht etwa ich ein Fall für einen guten Therapeuten, sondern mein ungläubiger/s/* Gegenüber ein Fall für die Antidiskriminierungsstelle, wenn er das nicht bedingungslos akzeptiert. Wird Zeit, dass der Deutsche Ethikrat eine Sondersitzung einberuft, denn bislang hat man sich dort fahrlässigerweise nur mit einem möglichen dritten Geschlecht beschäftigt.

Bislang ist noch ungeklärt, ob die geplante Frauenquote auch auf die neuen Facebook-Geschlechtsbezeichnungen „weder noch" und „gendervariabel" anwendbar ist. Juristen können schon mal erste Abhandlungen entwerfen, wie mit Job-Bewerbern umzugehen ist, die mitten auf der Karriereleiter ihr Geschlecht einfach ändern.

Ist die „Trans-Frau" wirklich weiblich? Und was ist der Unterschied zur „Trans*Frau", „transweiblich", „trans*weiblich", „transgender-weiblich", „Transsexuellen Frau", „Inter-weiblich", „Inter*Frau", „XY-Frau" und „Femme" – und wer zur Hölle will das überhaupt wissen?

4000 Geschlechter

Ich persönlich freue mich schon auf den nächsten Lehrplanentwurf in Baden-Württemberg zum Thema „sexuelle Vielfalt", der aktuelle ist dann definitiv Geschichte. Also wenn schon, liebes Ländle, dann bitte korrekt. Bislang wurden dort nur die sogenannten LSBTTI-Geschlechter eingefügt, was so viel heißt wie „Lesbisch-Schwul-Bisexuell-Transsexuell-Transgender-Intersexuell". Dieses Einfügen von nur sechs neuen Geschlechtern in den fächerübergreifenden Unterricht ist nun wirklich nicht mehr zeitgemäß, es wird der wahren „sexuellen Vielfalt" unserer Gesellschaft nicht gerecht und schafft unnötig neue Diskriminierungen für die paar Dutzend anderen, die ihr nicht gelistet habt. Wenn schon Toleranz, dann aber richtig!

Allerdings bin ich der Meinung, dass in der deutschen Facebook-Liste auch noch einige Geschlechter fehlen. Wie kann es sein, dass die Briten 70 Geschlechter haben? Ist es nicht auch diskriminierend, dass wir auch hier wieder welche unter den

Tisch fallen lassen? Und wenn man sich abseits von Facebook umsieht, stellt man fest: Es gibt noch viel mehr Geschlechter, nämlich mindestens 4000. Das ist die Zahl, die wir bei Lucie Veith gelernt haben. Sie (?) ist die „Vorsitzende_r" des Bundesverbands Intersexueller Menschen und erklärte bei der Eröffnungsfeier des EKD-„Studienzentrum für Genderfragen in Kirche und Theologie" in Hannover, wissenschaftlich sei „die Existenz von mindestens 4000 Varianzen der geschlechtlichen Differenzierung bekannt". Und wir begrüßten nur zwei!

Nun wäre interessant, wo und wie diese wissenschaftlichen Erkenntnisse gesammelt wurden und welche Wissenschaftler das herausgefunden haben. Auch bleibt die Frage offen, wieso sich diese „wissenschaftliche" Erkenntnis noch nicht einmal über Hannover hinaus verbreitet hat. Die wahrscheinlichste Variante ist vermutlich, dass sich die ernsthaften Wissenschaften einfach nicht für das interessieren, was in Gender-Lehrstühlen so alles herausgefunden oder, besser gesagt, behauptet wird.

Facebook hat sicherheitshalber einfach noch ein freies Feld geschaffen. Jeder kann dann selbst eintragen, welchem Geschlecht er angehört, falls er/sie/es/* sich in den 60 nicht ausreichend definiert findet. Was ist beispielsweise mit den Männern, die für 300 PS jede Frau stehen lassen würden? Ist deren Geschlecht möglicherweise „BMW*Porsche"? Was ist mit den Frauen, die angesichts von Designer-Schuhen in Ekstase ausbrechen – sind die etwa „manolophil"? Das Herz meines Mannes schlug bereits vor unserer Ehe und bis heute ungebrochen für den Fußballklub „Arminia Bielefeld", sollte mir das sexuell Sorgen bereiten?

Damit sollten dann auch die Budgets für die unzähligen Gender-Lehrstühle in Deutschland für die nächsten Jahrzehnte gesichert sein. Denn es wird Jahre dauern, diese bunte Vielfalt zu erforschen und zu katalogisieren oder zumindest ein Exemplar jedes Geschlechts ausfindig zu machen. Vielleicht ließe sich daraus auch ein Sendekonzept für RTL II basteln: „Lucies bunte Geschlechterwelt".

Ich gehe davon aus, dass die ersten Dankesschreiben von Mario Barth und Co. bereits bei Facebook eingetrudelt sind. Immerhin ist angesichts dieser Spaßoffensive das Bühnenprogramm für die nächsten Jahre gefüttert. Hiermit nominiere ich Facebook für den Comedy-Preis 2015. So viel Satire muss belohnt werden!

Kleiner Führer durch den Geschlechterdschungel

Liest man die Liste der Facebook-Geschlechter, ist schnell erkennbar, dass diese ziemlich eigenwilligen Definitionen von Geschlecht oft nichts anderes sind als eine Aussage darüber, wer es gerne mit wem oder gar wie tun würde.

Nehmen wir zum Beispiel das Facebook-Geschlecht „Butch" und dessen Konterpart, die „Femme". Beides sind Frauen und bleiben Frauen. Biologische Langweiligkeit, aufgepeppt durch bestimmte sexuelle Vorlieben und klischeehafte Verhaltensweisen. Denn als „Butch" bezeichnet sich, wie man Wikipedia[8] entnehmen kann, eine Lesbe, also eine Frau, die burschikos auftritt und dies über Haarschnitt und Kleidung optisch perfektioniert. Unwissende würden sie wohl als „Kampflesbe" bezeichnen. Dieser Begriff ist aber auf dem Sexismus-Index und sollte zur eigenen Sicherheit vor allem in Anwesenheit einer „Butch" nicht verwendet werden.

Die „Femme" hingegen ist ebenfalls eine Lesbe, also auch eine Frau, die sich aber betont weiblich gibt und sich von der durchschnittlichen heterosexuellen Frau allein dadurch unterscheidet, dass sie eben auf Frauen steht.

Interessant und verwirrend dabei ist, dass es ja angeblich laut Gender Mainstreaming gar kein „typisch männlich" und kein „typisch weiblich" gibt. Alles nur anerzogen, Sie erinnern sich? Alles nur erlernte soziale Rollen, aufgezwungene Stereotype. Genau das Verhalten, das es zu verhindern gilt, jedenfalls für heterosexuelle Menschen. Eine „Butch" ist also genau genommen eine biologische Frau, die sich sexuell zu anderen Frauen hingezogen fühlt und gleichzeitig klischeehaft männliches Verhalten an den Tag legt. Genau das gleiche klischeehaft männliche Verhalten, das heterosexuellen und besonders weißen Männern ständig zum Vorwurf gemacht wird und als anerzogene Macho-Attitüde der besagten „angry white men", der „zornigen weißen Männer" gilt, die man durch ordentliche Erziehung endlich beseitigen sollte. Wenn nun aber eine Lesbe macho-männlich auftritt, ist dies plötzlich nicht mehr das Produkt einer schlechten Erziehung, sondern ein eigenes Geschlecht. Wenn hingegen eine Lesbe weiblich auftritt und damit jedes Mädchen-Klischee bestätigt, dann ist sie immer noch eine Frau – klar, was sonst? Sie sieht aus wie eine Frau, verhält sich absolut typisch und stereotyp wie eine Frau, ist also eine Frau. Allein der Unterschied, dass sie eben sexuell nicht auf Männer steht, sondern auf Frauen, macht sie angeblich wieder zu einem neuen Geschlecht, der „Femme". Was für ein Schwachsinn!

Um das Beispiel „Butch" endgültig ins paradoxe Geschlechternirwana zu verabschieden, gibt es „Butch" auch noch in der männlichen Variante. Die beschreibt den betont männlich-machohaft auftretenden Schwulen. Den will übrigens niemand abschaffen, auch wenn er alt und weiß ist. Sein Unterscheidungsmerkmal zum „angry white man" besteht einzig darin, dass er homosexuell ist, während das Original heterosexuell ist und damit zur Klasse der Unterdrücker gehört. Merke: Weiße homosexuelle Männer sind toll, weiße heterosexuelle Männer sind böse. Der männliche „Butch" ist also laut Wikipedia der Konterpart zur klassischen „Tunte", dem weiblich auftretenden Schwulen. Die Bezeichnung „Tunte" wiederum findet man nicht auf der Facebook-Liste und sie steht vermutlich ebenfalls auf dem ungeschriebenen Sexismus-Index.

Um die Verwirrung komplett zu machen, gibt es beispielsweise auch schwule Frauen und lesbische Männer: „Girlfags" und „GuyDykes". Auch diese beanspruchen selbstredend, ein eigenes Geschlecht zu sein. Eine „Girlfag" hat ihr sexuelles Beuteschema also auf schwule Männer ausgerichtet, was ein hoffnungsloses Unterfangen sein dürfte, da das sexuelle Interessengebiet von schwulen Männern in der Regel andere schwule Männer sind. Vermutlich deswegen beanspruchen „Girlfags" für sich, als „schwuler Mann im Körper einer Frau"[9] anerkannt zu werden. Ob das den schwulen Mann sexuell wirklich überzeugt, kann ich nicht beurteilen.

Immerhin ist anscheinend auch die queere Szene etwas verwirrt angesichts der sich immer weiter entwickelnden sexuellen Vielfalt. Und so schreibt das Magazin „Queerulant_in"[10]: „Selbst in queeren Praxen und Theorie geschulte Queers kommen beim Nachdenken über schwule Frauen und lesbische Männer mitunter ins Schwitzen". Wer kann es ihnen verdenken?

Geschlechtchen wechsel dich

Die findigen „Gendernauten" – das sind Menschen mit besonderer Gender-Kompetenz, vorzugsweise anzutreffen im nichtheterosexuellen-Milieu, die offenbar astronautengleich in gendersensiblen Sphären schweben –, unterscheiden zwar ständig zwischen „sexueller Identität" und „sexueller Orientierung", in den Aufzählungen diverser Geschlechterlisten wird aber genau dieser Ansatz ständig vermischt. Während also behauptet wird, dass sexuelle Identität etwas Unverrückbares sei, was ab Geburt feststehe und was ich nicht verändern kann, gilt die sexuelle Orientierung als etwas, was sich neu ausrichten lässt.

Man sieht, es geht um die alte Frage: angeboren oder anerzogen? Gibt es das „schwule Gen"[11], ist das alles angeboren oder lässt es sich gar „umerziehen"? Eine ganz böse Frage, die ich nicht beantworten kann und die ein weiteres Paradoxon zu Tage fördert, das auch Gendernauten bislang nicht auflösen konnten: Wenn Geschlecht doch nach der Theorie des Gender Mainstreaming nur ein angelerntes Rollenverhalten ist, wenn Geschlecht angeblich fließend ist („fluid gender"), wenn ich mein Geschlecht verändern kann, mehr noch: ich als heterosexuelle Frau meine Heterosexualität als lediglich angelernte Konditionierung infrage stellen *soll* – wieso um Himmels willen gilt dann mein Geschlecht als veränderbar, alle anderen Geschlechter aber nicht?

Nichts bringt die Gender-Szene mehr in Aufruhr als das Angebot, Menschen dabei zu helfen, beispielsweise ihre Homosexualität, also ihr Geschlecht, abzulegen, zu verändern, zu überdenken. Da werden aus Therapeuten dann böse „Homoheiler", denen manch einer, wie etwa der Bundestagsabgeordnete und Schwulenaktivist Volker Beck, ihr Ansinnen sogar gesetzlich verbieten will[12]. Gleichzeitig gilt es als legitim zu behaupten, dass Gegner der Homoehe natürlich keine rationalen Gründe dafür haben, sondern in Wahrheit selbst verkappte Schwule und Lesben sind, die sich ihre Homosexualität einfach nicht eingestehen wollen.

Zusammengefasst wird also behauptet, dass alle Geschlechter angeboren und natürlich um keinen Millimeter verrückbar sind und wehe, Sie rütteln an dieser „Wahrheit". Nur die weltweit am meisten verbreitete Geschlechterordnung, das heterosexuelle

Zusammensein von Mann und Frau, ist nach dieser Theorie diejenige, die veränderbar ist. Die Ausnahme ist also die neue Norm, der Normalfall hingegen ein Problem. Das hat ein bisschen was von dem Pippi-Langstrumpf-Lied „Ich mach mir die Welt, wie sie mir gefällt". Wenn die Ideologie nicht zum Volk passt, gibt es eben nur zwei Möglichkeiten: entweder man ändert die Ideologie – oder das Volk. Gender Mainstreaming hat sich der zweiten Variante verschrieben.

Fakt bleibt am Schluss aber, dass ein schwuler Mann biologisch eben ein Mann ist und bleibt. Auch wenn er plötzlich heterosexuell lebt und ein paar Jahre später wieder schwul oder gar bisexuell, asexuell oder polygam. Was mir persönlich völlig egal ist, aber: In der Zeit war er immer ein Mann und nichts als ein Mann. Gleiches gilt biologisch für die Transgender-Frau, solange sie ihren Körper nicht hormonell oder gar chirurgisch künstlich verändert hat. Sie ist biologisch ein Mann, fühlt sich aber durch die bereits bekannte „Zwangsheteronormativität" eingeengt und kämpft dafür, trotz männlichem Körper als Frau anerkannt zu sein. Kommt die Transgender-Frau also wegen der Diagnose Prostatakrebs zum Arzt, wird dieser sie vermutlich nicht als erste Frau mit einer Prostata der wissenschaftlichen Welt vorstellen, sondern schlicht und ergreifend als Mann ärztlich behandeln. Und genauso wenig wird ein Gynäkologe einen schwangeren „Transgender-Mann" zum Urologen überweisen, sondern einfach ihr Kind entbinden, weil sie biologisch eine Frau ist, auch wenn sie sich selbst als Mann bezeichnet.

Da es offenbar auch geübten Gendernauten langsam schwerfällt, sich im Geschlechterdschungel zurechtzufinden, ist der Begriff der „Cis-Frau" und des „Cis-Mannes" ganz hilfreich, denn diese Begriffe beschreiben einfach den biologischen Zustand bei der Geburt. Eine Cis-Frau ist also ein Mensch, der biologisch als Frau zu betrachten wäre, sich später aber anders definieren könnte. Die Butch, die Femme, die Lesbe, der Transmann sind alles Cis-Frauen. Die Transfrau hingegen ist ein Cis-Mann. Verstanden?

Am Schluss bleiben auf den Geschlechterlisten also im Wesentlichen biologisch eindeutige Frauen und Männer übrig, deren sexuelles Begehren aber in verschiedene Richtungen ausschlägt. Wenn aber für die Frage „Neues Geschlecht, ja oder nein?" einfach nur relevant ist, was mich sexuell erregt und wie und mit wem ich meine Sexualität am liebsten auslebe, dann gibt es noch viel mehr Geschlechter. Wenn wir das Fass schon aufmachen, dann aber richtig.

Ganz verschämt scheint man nämlich zahlreiche sexuelle Vorlieben nicht in bisherige Listen mit aufgenommen zu haben, weder im Lehrplan von Baden-Württemberg noch bei Facebook. Vermutlich, weil Präferenzen wie „pädophil" oder „zoophil" einfach nicht so sexy rüberkommen und auch die Queer-Lobby damit zu Recht nichts zu tun haben will.

Es bleibt aber aus Gender-Perspektive inkonsequent, wie ein Blick ins Ausland zeigt. In den Niederlanden kämpfte mehrere Jahre lang eine Pädophilen-Partei um rechtliche Anerkennung und derzeit wird im kleinen Dänemark ernsthaft breit über die Akzeptanz von Tierbordellen diskutiert. Ja, Tierbordelle. Diese sind in Dänemark nämlich legal[13]. Wie Zeitungen berichten, ziehe das ganze Busse von Touristen aus anderen Ländern an, was den Dänen zunehmend Sorgen bereitet und die eingeforderte „Akzeptanz" für sexuelle Vielfalt auf eine harte Bewährungsprobe stellt. Aber hey, wer sexuelle Vielfalt will, der bekommt sie eben ganz oder gar nicht.

Hatte nicht schon Woody Allen alias „Milos Stavros" in seinem Film „Was Sie schon immer über Sex wissen wollten, aber nicht zu fragen wagten" eine liebevolle Beziehung zu dem minderjährigen Schaf „Daisy"? Und von Claudias Schäferhund aus dem Hit „Claudia hat 'nen Schäferhund" wollen wir jetzt nicht auch noch anfangen.

Immerhin heißt die Band „Die Ärzte", was in diesem Fall wirklich passt, denn das Thema ist in der Tat langsam ein Fall für den Arzt.

4. Einstiegsdroge Pink

Nachdem wir nun wissen, dass noch zahlreiche Geschlechter aufzuarbeiten sind, wird es auch den Letzten wie Schuppen von den Augen fallen: Eine geschlechtersensible Welt zu schaffen ist eine Mammutaufgabe, auf deren Weg alle mitgenommen werden müssen, und wir müssen schon bei den Kleinsten anfangen: den Kindern.

Wie schon zu Beginn der feministischen Bewegung behauptet, werden wir laut Simone de Beauvoir nicht als Frauen geboren, sondern werden erst zur Frau. Es war also schon immer ein Anliegen der Emanzipation, durch andere Erziehung vor allem der Mädchen diesen die weite Welt abseits von Heim und Herd zu eröffnen, alternativ die Welt zahlreicher weiblicher Geschlechter.

Damit meine eigenen Töchter also nicht ebenso auf die aus feministischer Sicht schiefe Bahn geraten wie ich und später womöglich heiraten und Kinder kriegen, weil sie denken, das sei ein normales Frauenleben, muss Erziehung jetzt gendersensibel gestaltet werden. Die neue Erziehung soll laut Gender Mainstreaming „sexistische Stereotype" vermeiden, Kinder nicht in Geschlechterrollen drängen und einen Weg in neue Geschlechter und Rollen offen lassen. Und wie schnell gerät man da als Eltern auf Abwege! Ein pinker Lillifee-Fahrradhelm, eine lila Trinkflasche oder gar eine Barbie-Puppe – Eltern sollten sich unbedingt über mädchengefährdende Produkte informieren, denn die Gefahr eines verpfuschten Mädchenlebens lauert in jedem Supermarkt und Kinderzimmer.

Pinkes Feindbild statt rosaroter Brille

Ein besonderer Dank geht hier an das feministische Marktüberwachungsorgan „Emma", das die Kampagne „Pink macht Mädchen dümmer"[14] gestartet hatte, um auf die Gefahren der Farbe Pink aufmerksam zu machen. Die Emma-Redaktion forderte allen Ernstes Warnhinweise auf pinkem Spielzeug. Denn man muss wissen: Die Farbe Pink ist böse. Sie ist die Einstiegsdroge in ein stereotypes Frauenleben.

Laut feministischer Argumentation suggeriert sie den Mädchen ein Prinzessinnendasein, Mädchenklischee-Rollen oder die Vorstellung, dass das Leben tatsächlich ein Ponyhof sei. Von klein auf drängt man sie also damit in eine weibliche Kleinmädchenrolle, die im schlimmsten Fall in einem Dasein als Zahnarztgattin gipfelt. Ich schäme mich gerade schon ganz doll, weil unsere jüngste Tochter zum vierten Geburtstag ein neues Lieblingskuscheltier bekommen hat: ein Plüsch-Einhorn mit pinkem Sattel und Glitzermähne. Nun haben wir den Schund im Haus und ich weiß: Sie ist nicht mehr zu retten. Wir müssen ihr das Einhorn nachts im Schlaf entreißen und auf einem gendersensiblen Scheiterhaufen verbrennen, gemeinsam mit der Lillifee-Kindergartentasche, den Barbiepuppen, die sie von ihrer großen Schwester geerbt hat, dem pinken Helm mit der Krone drauf, all ihren Lieblingskleidern, den Schleifenspangen und der Hello-Kitty-Kakaotasse. Oh ja, Kitty, auch eine dieser Einstiegsdrogen für kleine Mädchen.

Flankiert wird „Emma" von der Aktion „Pinkstinks"[15], einer Art Selbsthilfegruppe aus Hamburg, die angetreten ist, gegen die

„Pinkifizierung" der Welt anzugehen. Deren Gründerin Sylvie Schmiedel spricht im Zusammenhang mit der Frauenunterdrückung auch gern von der „Gender-Apartheid", um den Ernst der Lage mit historisch fragwürdigen Unterdrückungsvergleichen zu unterstreichen.

Da der pinke Wahnsinn überall lauert, gibt es für Pinkstinks viel zu tun. Im dazugehörigen „Pinkwatch-Blog" fahndet man von Hamburg aus nach pinkem Spielzeug und sonstigem sexistischem Allerlei. Im vergangenen Jahr war das Mädchen-Überraschungsei von Ferrero das verkörperte Böse, dann wieder ist es der Spielzeughersteller Lego, der zu wenige weibliche Spielzeugfiguren herstellt. Barbie, Kitty und Lillifee, das Luder, stehen ebenfalls auf dem Index. Sogar alle deutschen Teilnehmer bei den Olympischen Spielen in London zierten die pinke Fahndungsliste: in Pink und Hellblau lief man damals im Stadion ein, das muss Schnappatmung bei Pinkstinks verursacht haben.

Und wenn dann ein Hersteller wie Lego Mädchenfiguren nachlegt, ist es auch nicht immer gut, denn es sollen natürlich Lego-Wissenschaftlerinnen und Astronautinnen sein. Stattdessen haben sich Lego und Playmobil aber auf pinke Bauklötze und die „Lego-Friends" spezialisiert, eine Mädchenclique mit pinkem Pony-Stall und Hundesalon. Playmobil hat das Zauberfeenland im Einhorn-Köfferchen, bei Duplo finden sich Schrecknisse wie das Cinderella-Schloss und Dornröschen im Turmgemach, die tatsächlich immer noch auf den Prinzen wartet.

Der k(l)eine Unterschied

Möglicherweise orientieren sich die Spielzeughersteller auch einfach an den Vorlieben der Kinder und nicht an gendersensiblen Theorien. Man kann einem Jungen zwar eine Puppe schenken, ihn aber nicht zwingen, auch damit zu spielen. Das musste der Spielzeughersteller Hasbro bereits vor 20 Jahren fest-stellen. Damals hatte das Unternehmen versucht, ein Spielhaus zu entwickeln, das sowohl von Jungs als auch von Mädchen an-genommen und beiden Geschlechtern gerecht wird. Beim Test-spielen der Kinder fiel dann Folgendes auf: Die Mädchen spiel-ten wie gewohnt im Puppenhaus Vater-Mutter-Kind, legten die Püppchen schlafen und kuschelten mit ihnen. Die Jungs spiel-ten auch mit dem Haus: Sie bauten ein Katapult auf dem Dach und schleuderten damit den Kinderwagen runter. Der Presse-sprecher von Hasbro gab anschließend bekannt, Mädchen und Jungs seien wohl doch unterschiedlich. Was für eine bahnbre-chende Erkenntnis! Vielleicht hätte man einfach Eltern fragen sollen, die Jungs und Mädchen großziehen, die hätten das auch gleich sagen können.

Ich gebe zu, ich hatte vor der Geburt unseres ersten Kindes auch eine kurze Alle-sind-gleich-Phase: Alles nur Erziehung. Wir machen diesen Rosa-Hellblau-Quatsch nicht mit. Unsere ersten beiden Kinder haben mich eines Besseren belehrt. Die Erstgeborene hatte nichts Pinkes; kein Kleidchen, keinen Strampler, keine Haarspange. Alles schön geschlechtsneutral und bunt. Wir haben das genau drei Jahre durchgehalten, dann kam sie in den Kindergarten und mit ihm zu drei neuen Lieb-lingsfarben: Glitzer, Pink und Rosa, wobei mir der Unterschied bis heute nicht klar ist. Sie war einfach ein ganz normales Mäd-chen und bestand auf dem ganzen Mächenkram! Diddl-Mäuse auf rosa Briefpapier – das war noch in der Prä-Lillifee-Kitty-Ära – pinke T-Shirts und Glitzer-Nagellack. Sie wollte Barbies haben und zur Einschulung den pinken Blümchen-Schulran-zen und nein, sie ist nicht verblödet, sondern erfolgreich in der Schule und nein, sie will auch nicht Friseurin werden, sondern Anwältin.

Als Zweites bekamen wir einen Sohn. Der hätte es uns doch wenigstens zeigen können. Wie man umgeben von Puppen und Kuscheltieren alle Softskills als Mann entwickelt und seine weibliche Seite entdeckt. Leider interessierte ihn der Kram seiner Schwester nicht im Geringsten, obwohl der überall bereitstand. Als er vor lauter Verzweiflung anfing, mit der Plüsch-Tigerente zu spielen, einfach nur, weil sie Räder hatte, haben wir aufgerüstet: Holzeisenbahn, Parkgarage, und er war glücklich. Er hat die Hälfte seines zweiten Lebensjahrs damit verbracht, Matchbox-Autos in verschiedenen Aufstellungen unter meinem Schreibtisch zu parken. Er ist jedes Möbelstück unseres Hauses damit abgefahren und wir sind nachts darübergestolpert: Er war einfach ein ganz normaler Junge.

In Schweden haben die ersten Spielzeughersteller[16] auf feministische Proteste reagiert und ihre Spielzeugkataloge gendersensibel gestaltet. Da sehen wir jetzt Jungen im Spiderman-Kostüm, die pinke Puppenwagen schieben. Mädchen, die auf dem Kettcar sitzen oder Spielzeugwaffen in der Hand halten. Ob dadurch in Schweden jetzt mehr Jungs mit Kinderwagen und mehr Mädchen mit Waffen spielen, ist nicht bekannt.

Möglicherweise wollte sich der Spielzeughersteller Leklust aber auch nur präventiv schützen, denn bereits 2008 musste sich der Hersteller Toys"R"Us[17] in Schweden öffentlich gegen den Vorwurf der „Gender-Diskriminierung" verteidigen, nachdem sein üblicher Weihnachtskatalog von Gender-Wächtern beim schwedischen Werberat gemeldet worden war.

Spielen im Opfer-Modus

Doch immerhin: Deutschland ist wachsam. Wo kommen wir denn hin, wenn Mädchen und Jungs einfach spielen, was und wie sie wollen? Nein, gendergerecht ist es nur, wenn alle das

Gleiche spielen und auch am gleichen Ort. Denn was haben Aufsichtsräte und Spielplätze gemeinsam? Beide sind nicht gendersensibel genug. Die großen und kleinen Mädchen haben nicht genug Spielraum.

Für die einen gibt's demnächst die Frauenquote, um die Spielplätze kümmert sich derweil die SPD. Die Abteilung „Wir haben sonst keine Sorgen" hat sich ein neues Terrain mit maximaler Mädchen-Unterrepräsentanz gesucht: die Kinderspielplätze. Die SPD in München startete im Frühjahr 2014 den Vorstoß, nach dem Vorbild der österreichischen Stadt Wien den Spielraum in der Stadt gendergerecht umzugestalten. Es soll jetzt neue, separate Mädchenspielhäuser und mehr Klettergerüste und Wasserspielzeug geben, weil das eher die Mädchen anspricht. Diese sind nämlich weniger häufig auf Spielplätzen anzutreffen als Jungs und das schreit geradezu nach Ungerechtigkeit und sicher auch nach ungeahnten neuen Budgets.

Gut, man hätte sich auch mit der Überrepräsentanz von Jungs im Bereich Schulschwänzer, Sitzenbleiber, Gewaltkriminelle und Ritalinschlucker beschäftigen können, schließlich sind dies ebenfalls total ungerechte Jungendomänen – das war aber als Thema wohl zu unangenehm realistisch. Dann lieber Gender-Seifenblasenpusten auf Spielplätzen.

In Berlin hatte man die Spielplätze zwei Jahre zuvor auch schon untersucht. Damit dürfte ganz nebenbei auch das Rätsel gelöst sein, was all die Gender-Institute den lieben langen Tag mit unserem Geld so treiben: Sie erstellen Gutachten und finden immer neue Ungerechtigkeiten, bei denen – logisch – Jungs bevorzugt werden und Mädchen schon vor dem Grundschulalter in den Opfer-Modus wechseln. Und es ist wirklich höchste Eisenbahn, wenn die Zukunft unseres Landes noch gerettet werden soll. Denn diese Studien kamen doch tatsächlich zu dem Ergebnis: Mädchen und Jungs spielen unterschiedlich. Nein, wirklich? Jungs lieben eher den Bolzplatz und beanspruchen dort auch gern mal das Hausrecht, Mädchen „tratschen" und klettern lieber.

Man könnte auch einfach sagen: Wunderbar, dann sollen sie sich doch jeder in seiner oder ihrer Ecke ausleben. Das wiederum darf nicht sein. Denn wir wissen alle: Gleichstellung ist in unserem Land erst dann erreicht, wenn alle nicht nur das Gleiche dürfen, sondern auch tatsächlich das Gleiche tun. Das gilt für Aufsichtsräte und Männerberufe und jetzt auch für Spielplätze. Erst wenn zu jeder Tages- und Nachtzeit gleich viele Jungs und Mädchen dort anzutreffen sind, ist die Gleichberechtigung nach diesem Verständnis vollendet.

Ungeklärt bleibt bislang, ob die neuen gendergerechten Spielplätze auch genug Raum für alle anderen Geschlechter lassen. Noch drei, vier Jahre sexuelle Vielfalt im Unterricht und wir bekommen die Forderung nach transsexuellen Spielplätzen. Vermutlich braucht es dafür dann auch eine Extra-Studie und noch mal ein Extra-Budget.

Gleichzeitig entbehren diese Studien natürlich nicht einer gewissen Komik. Denn nachdem das Gender-Mantra uns seit Jahren einzureden versucht, dass alles nur Erziehungssache sei und Jungs selbstredend total auf Puppenecken stehen, wenn man sie nur rechtzeitig heranführt, während Mädchen die Monsterpinkabteilung von Lillifee & Co. nur deswegen leer kaufen, weil wir sie nicht rechtzeitig aus dem Pinkwahn befreit haben, legen Kinder nach wie vor unbeirrt die gleichen geschlechtsstereotypen Spielvorlieben an den Tag wie eh und je. Und jetzt sollen sie – genderparadox – auch noch in dieser stereotypen Spielweise bestätigt werden! Aber mit Logik wollen wir die Gender-Bewegung nicht belasten.

In Berlin hatte man bereits herausgefunden, dass Mädchen insgesamt mit steigendem Alter weniger auf Spielplätzen anzutreffen sind. Dass die Bolzplätze und Tischtennisplatten den Jungs eher gerecht werden und man Mädchen gerade dort nicht sieht. Möglicherweise spielen die einfach lieber zu Hause mit ihren Barbies, jedenfalls solange die Kinderzimmer noch nicht zwangsweise gegendert werden.

Unsere Söhne jagen übrigens einfach durch die Straßen, auf Fahrrädern und Skateboards, machen immer noch Klingelstreiche, werfen Wasserbomben auf Passanten und finden das auch noch lustig. Sie sind sicher bald fällig für eine Ladung Ritalin oder wenigstens einen runden Tisch, wenn das Jugendamt das mitbekommt.

Unsere Älteste schließt sich stattdessen lieber mit ihren Freundinnen stundenlang im Bad ein. Was sie dort machen? Ich weiß es nicht. Klingt aber von außen nach Spaß. Auf Spielplätzen hängt sie auch gern rum mit ihrer Clique, da sind auch Jungs dabei und ich bin froh drum, die passen nämlich auf ihre Mädels auf. Denn es gibt sie ja noch, die Kinder, die einfach auch mal zusammen spielen. Jungs und Mädchen. Ja, geht immer noch. Und dann wird auf dem Bolzplatz auch Fangen gespielt und die Tischtennisplatte gemeinsam mit Sand zugegraben oder in ein Haus verwandelt, indem man unter der Platte Karten spielt oder gemeinsam heimlich zündelt. Kinder haben ja Gott sei Dank immer noch diese Kreativität, sich auch aus dem Nichts und ganz ohne Anleitung und Vorbestimmung Spielraum zu schaffen. Die Fantasie, einen Baum in ein Raumschiff zu verwandeln, wo der Kapitän einfach auf dem höchsten Ast desselben sitzt.

Viel interessanter, als Strichlisten über die Anwesenheit der Geschlechter zu führen, finde ich die Frage, warum Kinderspielplätze oft so heruntergekommen, Geräte kaputt und Sandkästen vermüllt sind. Wo bleiben die Budgets für dieses Problem? Und letztendlich, wofür noch der ganze Aufwand, wenn Kinder doch zunehmend gezwungen sind, ihre Tage in Ganztagseinrichtungen zu verbringen. Spielen? Frei? Unbeaufsichtigt? Dass ich nicht lache! Schon heute stehen zahlreiche Spielplätze den ganzen Tag über leer. Aber wirklich toll, wenn sie ab sofort gendersensibel gestaltet sind.

Unser viertes Kind war übrigens wieder eine Tochter, wir haben sie einfach Mädchen sein lassen, ohne uns mit weiteren Erziehungsexperimenten an ihr abzuarbeiten. Sie ist jetzt sechs, hält sich selbst für großartig und hat den Berufswunsch „Königin". Immerhin strebt sie eine weibliche Führungsposition an. Manchmal zieht sie ihre pinken Kunstflügel von Karneval an und behauptet, sie sei eine Fee, die fliegen kann, was sie Gott sei Dank noch nicht ausprobiert hat. Sie kann mit einem Rollschuh am Fuß gleichzeitig Skateboard fahren, liebt das blaue Leuchtschwert ihres Bruders und fährt schon seit drei Jahren ohne Stützräder Fahrrad wie ihre Heldin Conni aus den Kinderbüchern – aber ihr Helm ist eben pink mit Krone drauf. Ihren Kakao will sie nur aus der Hello-Kitty-Tasse und gerade findet eine Etage tiefer im Kinderzimmer eine ernsthafte Auseinandersetzung zwischen ihrem pinken Pony und Barbies Freund Ken statt. Das Pony droht zu gewinnen.

5. Wo Gleichstellung draufsteht, ist Frau drin

„Frauen und Kinder zuerst" – dass Männer in Sachen Rettungs-anspruch schon immer hintanstanden, hat auf hoher See Tra-dition. In Sachen Gender Mainstreaming gilt dieser Grundsatz allerdings auch an Land. 17 Jahre nachdem es im Amsterda-mer Vertrag der EU verankert wurde, ist immer noch klar: Wo Gleichstellung draufsteht, ist Frau drin.

Also, meine Herren, lassen Sie sich nicht täuschen: Sie wa-ren mit Gleichstellung nie gemeint, und Sie werden auch nie ge-meint sein, denn Sie gehören zur privilegierten Kaste der Män-ner und stehen damit auf der Täterseite. Wieso sollten wir Ihnen also irgendwie helfen müssen?

Gut, die Kleinlichen unter Ihnen könnten darauf verweisen, dass doch in diesen Gender-Absätzen der EU irgendwas von „al-len Geschlechtern" drinsteht. Das ist aber nur das Kleingedruckte, denn merke: Auch, wo Gender draufsteht, ist erst mal Frau drin. Mehr als 1900 kommunale Frauen- und Gleichstellungsbüros auf der einen Seite. Männerbeauftragte: 0. Über 200 Lehrstühle für Frauen- und Gender-Forschung. Lehrstühle für Männerfor-schung: 0. Eine Bewegung, die angetreten ist, die Gleichstellung zwischen den Geschlechtern zu erreichen, ist bis heute immer noch dort, wo sie schon immer sein wollte: bei der Frau.

Da nützt es auch nichts, wenn die unzähligen Frauenbeauf-tragten im Land jetzt „Gleichstellungsbeauftragte" heißen. Wie eine heilige Kuh wird die alleinige Benachteiligung der Frau gehegt. Was für ein wunderbarer Opferstatus. Er sichert Aufmerksamkeit, Posten und Budgets, das geben wir doch nicht einfach auf.

Die bunte Vielfalt der Geschlechter, die ganze sogenannte „Queer"-Bewegung mit den LSBTTI – Lesbisch-Schwul-Transgender-Transsexuell-Intersexuell, die 60 Facebook-Geschlechter und auch die weiteren 4000 Varianten, die noch im luftleeren Raum hängen, waren in den Anfängen sowieso nicht mit dabei. Queer ist Gender für Fortgeschrittene, diese „Diversity"-Welle schwappte erst deutlich später ins Bewusstsein und hat sich mit angehängt an das, was in den Ursprüngen erstmal „Frauenförderung" genannt wurde. Heute ist in der Gender-Tüte jeder mit drin, der in irgendeiner Weise mal schief angeschaut wurde. Dank „intersektionaler" Gender-Forschung dürfen vermutlich demnächst auch Rothaarige als Minderheit mit in den Opfer-Status. Es ist also eine „Alles außer weiß und hetero-Bewegung" geworden.

An vorderster Front stehen jedoch immer noch die Frauen als Opfer-Gruppe Nummer 1. Damit sich daran auch niemals etwas ändert, ist die größte Geschlechterdiskriminierung bei uns in Deutschland sogar in Gesetzesform gegossen, und zwar ausgerechnet in das Bundesgleichstellungsgesetz (BGleiG)[18], das seit 5. Dezember 2011 in Kraft ist. In blumigen Worten wird dort in Paragraf 1 verkündet, dass ab sofort die Gleichstellung von Frauen und Männern gefördert wird und an der „Beseitigung bestehender" und der „Verhinderung künftiger Diskriminierungen wegen des Geschlechts" gearbeitet werden soll. Auch die „Vereinbarkeit von Familie und Erwerbstätigkeit für Frauen und Männer" soll bundesweit verbessert werden.

„Bravo!", kann man da nur rufen, „klingt super!" Aber als Mann oder Angehöriger eines der anderen 60 Facebook-Geschlechter würde mich schon mal dieser Satz stutzig machen: „Nach Maß-gabe dieses Gesetzes werden Frauen gefördert, um bestehende Benachteiligungen abzubauen." Frauen, sonst niemand.

Ans Eingemachte geht es dann in Abschnitt 2, obwohl der auch gut anfängt im Paragrafen 6, denn dort heißt es: „Die Dienststelle darf einen Arbeitsplatz weder öffentlich noch in-nerhalb der Dienststelle nur für Männer oder nur für Frauen ausschreiben." Das hört sich aber nur so lange gut an, bis man sich zu Abschnitt 4, Paragraf 16 vorgearbeitet hat. Hier wird nämlich geregelt, wie das so mit der Umsetzung läuft und wer dafür zuständig ist. Genau hier ist dann Schluss mit lustig. Denn eine Stelle kann definitiv nur mit einer Frau besetzt werden: der Gleichstellungsbeauftragten.

Frauen sind gleicher

Moment, war da am Anfang nicht etwas von „keine Diskrimi-nierung aufgrund von Geschlecht" zu lesen? Ja, da war was, gilt aber nicht für diesen Posten. Denn es sind zwar alle gleich, manche aber auch gleicher. Laut Gesetz muss in jeder öffent-lichen Behörde mit mehr als 100 Beschäftigten eine Gleichstel-lungsbeauftragte eingesetzt werden, die unbedingt eine Frau sein muss und auch nur von Frauen gewählt werden kann. Und zwar ganz egal, ob es in der Behörde Handlungsbedarf gibt oder nicht.

In Zeiten, in denen also alle davon reden, dass Geschlecht keine Rolle spielen soll, entscheidet der Besitz einer Gebärmut-ter über die Vergabe von Posten und das sogar auch, wenn die Inhaberin dieselbe nicht zwangsläufig nutzt. Interessant könnte es werden, wenn sich demnächst eine „Transfrau" auf so einen Posten bewirbt und die ganze Bandbreite der sexuellen Vielfalt Vertretungsanspruch anmeldet. Es ist ja auch inkonsequent, nur der Opfergruppe Frauen eine Beauftragte zur Seite zu stellen.

„Na gut", werden vielleicht manche Männer sagen, „dann gehe ich eben zur Gleichstellungsbeauftragten meines Vertrauens von nebenan, wenn ich ein Problem auf dem Gebiet habe." Immerhin haben wir in Deutschland über 1900 Hauptamtliche auf kommunaler Ebene sitzen. Auch hier sind das natürlich Frauen, und auch hier ist gesetzlich geregelt, dass es in nahezu allen Bundesländern nur Frauen sein dürfen. Ein Blick auf die Homepage der Bundesarbeitsgemeinschaft kommunaler Frauenbüros zeigt, dass man sich bei den 1900 Stellen aber nicht einmal die Mühe macht, wenigstens so zu tun, als sei man irgendwie auch für Männer zuständig. Man ist ein „professionelles Netzwerk der institutionalisierten Frauenbewegung", um die „Interessen von Frauen auf Bundesebene zu vertreten". Nicht einmal schwule Männer werden hier extra erwähnt, und das, obwohl die meisten Frauen schwule Männer ziemlich nett finden.

Konsequenterweise werden in Deutschland die Stellen der Gleichstellungsbeauftragten auch nicht nach Bedarf, sondern nach Proporz vergeben. In Nordrhein-Westfalen etwa muss jede Kommune ab 10 000 Einwohnern eine hauptamtliche Dame haben, ganz egal, ob überhaupt irgendein Gleichstellungsproblem vorhanden ist. Und dass offenbar in manchen Städten Langeweile herrscht, beweisen die Zeitfenster, die man beispielsweise für Sprachleitfäden hat.

Außerdem bleibt das Grundproblem bestehen: diejenigen, die Ungerechtigkeiten zwischen den Geschlechtern beseitigen sollen, würden im Erfolgsfall auch ihren eigenen Arbeitsplatz gleich mit ad acta legen. So wird der Opferstatus der Frau zum Selbstzweck und jeder Erfolg zum Budget- und Arbeitsplatzrisiko.

Man muss immer neue Probleme an den Haaren herbeiziehen, denn welche der über 1900 Gleichstellungsbeauftragten würde schon sagen: „Es ist erledigt, ich werde nicht mehr gebraucht!"?

Also eine Ebene höher im Familienministerium nachgeschaut. Das ist zuständig für Frauen, Familie, Kinder, Senioren, also sind eigentlich Jungs, Väter, männliche Senioren mit 50 Prozent vertreten. Da muss sich doch auch eine Zuständigkeit finden. Und ja, siehe da, es gibt ein Männerreferat[19]. In der Unterabteilung der Unterabteilung der Abteilung 4, Gleichstellung, findet sich endlich eine Zuständigkeit für Jungen und Männer. Bereits vor zwei Jahren hatte ich dort einmal nachgefragt, wie viele Menschen sich denn dort um 50 Prozent der Bevölkerung kümmern. In dem riesigen Ministeriumsapparat waren es gerade mal klägliche 9 Personen – und geleitet wird das Ganze selbstredend bis heute von einer Frau. Wo kämen wir denn da hin, wenn Männer jetzt plötzlich selbst bestimmen dürften, welche Themen für sie relevant sind? Wir wollen ja thematisch nicht über die Stränge schlagen. Männeremanzipation gibt es nur unter feministischer Aufsicht.

Problemfall Mann

Und was sind nun die Themen, mit denen sich das Männerreferat seit Jahren auseinandersetzt? Etwa die frühere Sterblichkeit von Männern? Die größere Gefahr, bei Berufsunfällen ums Leben zu kommen? Die zunehmend große Schar von Vätern, die um ein Umgangsrecht mit ihren Kindern kämpfen? Oder vielleicht die Jungen, die in der Schule inzwischen von den Mädchen abgehängt werden und die Spitzenplätze auf den Listen der Schulschwänzer, Schulabbrecher und Sitzenbleiber anführen? Oder vielleicht die Jungs, die dreimal so häufig Ritalin schlucken müssen wie Mädchen? Vielleicht kümmert man sich auch um das Problem, dass Männer ein deutlich höheres Risiko haben, Opfer von Gewalt zu werden, obdachlos zu werden oder sich als Selbstmörder das Leben zu nehmen?

Nein, im Männerreferat hat man sich nur die wichtigsten Probleme vorgenommen: den „Boys' Day" und das Bestreben, mehr Männer als Erzieher in Kitas unterzubringen. Ja, das macht Sinn, das scheinen in der Tat die drängendsten Probleme zu sein, die Männer heute beschäftigen, und umso besser, wenn Frauen ihnen das gut vermitteln können.

Insofern ist es konsequent, dass die Leiterin der Unterabteilung der Unterabteilung der Abteilung 4, Frau Dr. Angela Icken, in einer Rede in Bonn[20] mitteilte, es sei unserer Regierung ein „bedeutender Kommunikationserfolg" gelungen, indem man es geschafft habe, dass Gleichstellungspolitik nicht mehr als Frauenpolitik verstanden würde. Denn mehr als ein Kommunikationserfolg ist es ja auch nicht. Danke, Frau Dr. Icken.

Man stelle sich einmal vor, all die aufgelisteten Probleme wären explizit weibliche Probleme. Wir würden doch glatt nochmal 1900 Gleichstellungsbeauftragte einstellen! Aber es sind ja nur Männer und die haben ein ganz anderes gravierendes Problem, nämlich ihre Männlichkeit.

Und so versäumt auch Frau Dr. Icken im selben Vortrag nicht zu erwähnen, dass Rollenstereotype ein großes Problem der Jungs darstellen. Immer noch würden „tradierte Geschlechterrollen" auf moderne treffen. Da sind sie wieder, diese tradierten Geschlechterrollen, die gerade von Teenagern besonders favorisiert werden, und zwar von Jungs und Mädchen. Immer, wirklich immer, wenn über Geschlechterfragen diskutiert wird, landet man am Schluss bei den sogenannten „Rollenstereotypen". Diese sind nämlich bei vielen immer noch veraltet, also tradiert, gern auch „verkrustet" und müssen, ergo, überwunden werden. Stereotyp ist das Verhalten qua Definition immer dann, wenn Frauen sich wie typische Frauen benehmen und Männer sich wie typische Männer.

Warum genau das ein Problem ist und warum man diese Geschlechterrollen überhaupt überwinden muss, definiert in traditioneller Manier nur eine Handvoll Leute. Mit feministischer Befreiungsrhetorik sind sie angetreten, während die Masse der Bevölkerung gar nicht unglücklich in genau diesen Rollenstereotypen lebt.

Gemeint ist auch das traditionelle Familienverständnis, die weit verbreitete Vorstellung von Männlichkeit und Weiblichkeit, womöglich in Koexistenz einer klassischen Rollenaufteilung innerhalb der Familie. Also: Mutti zieht die Kinder groß, Vati schafft das Geld ran. Das ist emanzipatorisch so was von old fashioned, also muss man dem unwissenden Volk aus dieser Rollenvorstellung heraushelfen. Im Zweifel auch gegen den Willen der Beteiligten, schließlich ist es zu ihrem eigenen Besten.

Ein modernes Rollenverständnis hingegen nennt man im Familienministerium heute „partnerschaftlich". Frau Schwesig spricht viel davon. Ich zum Beispiel lebe in einer „unpartnerschaftlichen" Ehe, weil mein Mann mehr verdient als ich und ich mehr Hausarbeit erledige. Logisch, dass wir dringend staatliche Hilfe brauchen, um unser Familienleben „partnerschaftlich" auf die Reihe zu kriegen.

Bitte versuchen Sie gar nicht erst, einer der Damen Feministinnen zu erklären, dass Sie glücklich sind in Ihrem traditionellen Rollenverständnis. Sie outen sich damit höchstens als Gefangene Ihrer eigenen wirren Prägungsverkrustung und verhelfen auch noch zusätzlich dem Patriarchat zum Erfolg. Damit sind auch Hausfrauen auf der Täterseite angelangt.

Einmal habe ich das versucht bei einer Diskussionsveranstaltung des Wissenschaftszentrums Berlin (WZB). Die Präsidentin dort, Jutta Almendinger, war sichtlich erschüttert darüber, dass jemand mit meinen Vorstellungen versehentlich in ihr Haus geladen worden war, weswegen sie sich auch bei ihren treuen Zuschauern für die Gäste auf dem Podium entschuldigte. Aber wichtiger noch, sie sprach mir jegliche Kompetenz ab, meinen Lebensentwurf frei gewählt zu haben. Mein Hinweis, dass ich im Vollbesitz meiner geistigen Kräfte und trotz guter Ausbildung beschlossen habe, als Hausfrau vier Kinder großzuziehen, reichte nicht als Nachweis. Ich hätte gar nicht frei entschieden, „das System" habe mich dazu gebracht zu glauben, dass ich das freiwillig mache, sagte sie. Ich bin also gefangen in meinen Rollenstereotypen und lebe das Leben, von dem ich fälschlicherweise dachte, dass es mich glücklich mache, während die Jutta emanzipatorisch weiter ist und mein Stockholm-Syndrom durchschaut hat.

Da fällt mir natürlich auch wie Schuppen von den Augen, dass nicht nur ich Hilfe brauche, um aus meiner selbstgewählten Unmündigkeit befreit zu werden, sondern auch mein Peiniger, also mein Ehemann, endlich dazu bewegt werden muss, seine Familienernährer-Rolle und seinen Unterdrückerstatus zu verlassen.

Vierfache sexistische Stereotype

Wo Rollenstereotype vorherrschen, ist auch der Sexismus nur einen Steinwurf entfernt. Heute lebe ich zwar immer noch so wie vorher, bin aber dank besonders engagierter Politikerinnen und ihrem universalen Gender-Wissen schlauer. Passives, minderwertiges Lebewesen, Mutter oder Sexualobjekt – Sie dachten bisher, das passt nicht in eine Reihe? Schon wieder falsch.

Dank des Ausschusses für Chancengleichheit von Frauen und Männern des Europarates habe ich schon 2010 etwas dazugelernt und weiß jetzt: Ich bin eine vierfache sexistische Stereotype. Danke für die Auskunft!

Der Europarat beriet damals auf Anregung der Schweizer Sozialistin Doris Stump die Beschlussvorlage 12 267, in der empfohlen wurde, die Verwendung des Begriffs „Mutter" als sexistischen Stereotyp zu bekämpfen, weil er die Gender-Gleichheit verhindere. Es sollte auch auf die Medien in Europa eingewirkt werden, damit sie die sexistischen Begriffe „Mutter" und „Vater" nicht mehr verwenden und Frauen nicht weiter in dieser passiven, minderwertigen Lebensweise, also dem Hausfrauendasein, zeigen. Man hat ja schließlich Vorbildfunktion.

Wenn ich nicht aufpasse, machen es mir meine Töchter möglicherweise nach. Heiraten später, ziehen ihre Kinder groß und folgen mir in diese Wahnvorstellung einer glücklichen Mutter. Oder meine Söhne; vielleicht werden sie später tatsächlich nach einer Frau suchen, die sie heiraten und mit der sie Kinder bekommen möchten, weil sie das zu Hause und in den Medien gesehen haben und es einfach nicht besser wissen. Vielleicht denken sie auch noch, es sei männlich, wenn sie den Lebensunterhalt für ihre kleine Familie verdienen. Damit wären sie so weit von einem modernen Rollenverständnis weg, dass es kaum mehr einzufangen ist.

Es ist also Gefahr im Verzug und deswegen wird passend gemacht, was nicht passt. Deswegen brechen wir jetzt „tradierte Rollenmuster" auf, wie zum Beispiel meine Ehe. Deswegen ist die Hausfrau auf keinen Fall glücklich, sondern nur armselig gefangen in ihrem sexistischen Klischee. Deswegen ist das Private immer politisch, denn die Frage, wer bei uns zu Hause den Müll rausbringt, definiert meinen Status als emanzipierte Frau.

Damit es also so nicht weitergeht, haben wir Rollenstereotype politisch auf den Index gesetzt und sie werden inzwischen auch in der Bundeswehr zu Land, zu Wasser und in der Luft bekämpft.

Girls' Day und Boys' Day

Der „Girls' Day" und der „Boys' Day" sollen hierzu eine Hilfestellung sein. Denn Rollenstereotype gibt es nicht nur im Privatleben, sondern auch bei der Berufswahl. Millionen junger Frauen wählen typisch weibliche Berufe und Millionen junger Männer typisch männliche Berufe. Da auch hier wieder der Stereotypen-Teufel am Werk ist, muss gegengesteuert werden. Und so werden nun bereits seit 10 Jahren einmal im Jahr alle Schüler animiert, sich in den Berufsfeldern des anderen Geschlechtes umzusehen. Netter Ansatz aus der Abteilung: „Na, was ist denn schlecht daran?"

Nichts ist schlecht daran. Leider bringt es bloß kaum etwas, hat uns aber seit Einführung schon eine zweistellige Millionenzahl gekostet. Denn die Statistik spricht eine klare Sprache: die Berufswünsche junger Mädchen und Jungen verändern sich nahezu nicht. Es zwingt ja niemand die Mädchen, Bürokauffrau, Frisörin oder Einzelhandelskauffrau zu werden. Dennoch finden sich diese Berufe konsequent unter den Top 5 der beliebtesten Ausbildungsberufe bei Frauen.

Bei den Studiengängen sieht es nicht anders aus. Alle Wege stehen offen zu den Ingenieurwissenschaften, dennoch wollen dort nur eine Handvoll Frauen hin. Stattdessen bevölkern sie die pädagogischen Studiengänge und ganz ohne staatliche Programme auch Jura und Medizin. Und es zwingt auch niemand die Jungs, Kfz-Mechatroniker zu werden oder Industriemechaniker, es zieht sie offenbar nicht so sehr in Kitas, wie man es in der Unterabteilung der Unterabteilung der Abteilung 4, Familienministerium gern hätte.

Offensichtlich gefallen ihnen ihre stereotypen Berufe einfach. Das allerdings ist im großen feministischen Gleichstellungsplan nicht vorgesehen. Das Mantra der verkrusteten, tradierten, überholten Rollenstereotype sichert nämlich so viele Arbeitsplätze, das darf man nicht infrage stellen. Schließlich können hier noch ganze Heerscharen von Frauen beschäftigt werden, bis endlich jeder Junge und jedes Mädchen den Beruf erlernt, der politisch korrekt erscheint.

Normalerweise schauen wir ja immer gern in die skandinavischen Länder, weil dort das Gender-Mekka schon lange vor Berlin errichtet wurde. Aber obwohl man dort Gender Mainstreaming als Konzept schon deutlich länger vorantreibt, wählen die Norweger immer noch genauso frauen- und männertypisch ihre Berufe, der Unterschied ist sogar noch ein bisschen krasser als bei uns.

Diesem Widerspruch zwischen dem „Es sind nur anerzogene Rollen"-Gequatsche und der Realität auf dem Arbeitsmarkt ging übrigens auch der norwegische Komiker Harald Eia nach, dem das alles, wie so vielen, auch nicht so richtig einleuchten wollte. In Norwegen nannte man es das „Geschlechtergerechtigkeits-Paradox". Jahrelang hatte man versucht, junge Männer für Pflegeberufe zu begeistern und junge Frauen als Ingenieurinnen heranzuziehen. Erfolglos.

Selbst die zuständige Gleichstellungskommissarin Kristin Mile gab vor der Kamera zu, das Programm habe nichts bewirkt und nein, es sei keine Diskriminierung im Spiel. Auch die Schule habe keine Schuld, die Mädchen sind nämlich in Norwegen in allen Fächern außer Sport besser als die Jungs, sie wählen aber dennoch keine männlichen Berufsdomänen.

Eias Dokumentation „Hjernevask" (Gehirnwäsche)[21] zu diesem Thema, bei dem er erst Gender-Forscher befragte und deren Thesen zur Frage „Alles anerzogen oder doch Biologie?" dann anderen Wissenschaftlern präsentierte und um deren Kommentar bat, löste eine größere gesellschaftliche Debatte in Norwegen über Sinn oder besser gesagt Unsinn der Gender Studies aus.

Denn von der „Alles-nur-anerzogen"-Theorie blieb nicht viel übrig. Dafür waren die biologischen Unterschiede aber ziemlich offensichtlich. Von den Geldern für die Gender-Forschung in Norwegen blieb übrigens auch nicht viel übrig, die sind inzwischen „umstrukturiert"[22] wie es Verfechter der Gender Studies nennen. Man kann aber auch sagen „gestrichen", wenn man das faktische Eindampfen von über 7 Millionen Euro Budget des Nordischen Gender-Instituts NIKK betrachtet.

In Deutschland wird der Mythos der anerzogenen Geschlechterrollen, die an allem schuld sind, aber weiter beatmet. Nahezu perfide wird es dann, wenn man sich die Begründungen anschaut, warum Mädchen jetzt Männerberufe ausüben sollen und Jungs Frauenberufe: Nicht, damit sie damit glücklicher werden, nein, die Mädchen sollen vor allem besser verdienen. Frauenberufe werden traditionell schlechter bezahlt, also sollen die Mädchen in besser bezahlte Berufe. Am Boys' Day werden also den Jungs genau die Berufe schmackhaft gemacht, von denen man den Mädchen abrät, weil man darin so schlecht verdient. Das ist so durchschaubar wie blöde; kein Wunder also, wenn Männer darauf nicht hereinfallen. Wären aber gleich viele Jungs wie Mädchen in schlecht bezahlten Berufen, dann gäbe es keine geschlechtsspezifischen Lohnunterschiede mehr, aus Gleichstellungs-Perspektive also alles in Butter. Nur leben könnte man davon immer noch nicht.

Übrigens: In Ländern ganz ohne Gender Mainstreaming, wie etwa Russland, Indien oder auch der Türkei, finden sich in manchen typischen Männerbranchen extrem viele Frauen. Wie kann das sein, wo die doch ganz ohne die Gender-Zwangsbeglückung auskommen müssen, und warum bleiben die Norweger trotz Gender so traditionell? Und das, obwohl Norwegen bereits 2008 zum Land mit der besten Gleichstellung von Mann und Frau gekürt wurde?

Man könnte es vereinfacht auch so zusammenfassen: In Ländern mit Armut und ohne viel rechtliche Gleichstellung von Frauen und Männern wählen Frauen ihre Berufe einfach vernünftiger und nicht so sehr nach ihren persönlichen Neigungen, während man es sich im reichen Westen als Frau leisten kann, auch 10 Semester Germanistik ohne Aussicht auf einen Arbeitsplatz zu studieren.

Lippenstiftromantik

Im Übrigen sind sich nicht einmal Erziehungsexperten einig, ob man denn Mädchen nun besser fördert, indem man sie als Mädchen bestätigt, oder ihnen lieber das Mädchensein abtrainiert.

Unter dem wunderbaren Titel „Aktuelle Ungleichzeitigkeiten von Geschlechterkonzepten im Bildungsbereich – eine Gefahr für die Chancengleichheit?" trafen sich im Sommer 2014 im ostwestfälischen Paderborn Lehrer und pädagogische Fachkräfte zu einem Gender-Kongress[23]. Gefördert mit Geldern des Bundesbildungsministeriums und unter Regie des Instituts für Erziehungswissenschaft und des Zentrums für Geschlechterstudien/ Gender Studies an der Universität Paderborn. Dort ist man besorgt, weil im Bildungsbereich gleichzeitig Stereotype bekämpft und auch gefördert werden. Während nämlich auf der einen Seite geschlechtstypische Unterschiede mithilfe von Girls'- und

Boys' Days beseitigt werden sollen, finden sich im Bildungsbereich genauso auch Angebote, die den Unterschied von Mädchen und Jungen sogar betonen. Und das, obwohl doch ein „seit Jahren etablierter Konsens" herrsche, dass man „traditionelle Geschlechterunterschiede" entkräften statt bestärken will.

Auch hier drohen also wieder die „traditionellen" Rollen. Man fragt sich nur, was genau mit diesem „etablierten Konsens" gemeint sein könnte, denn wenn es ein Konsens wäre, dann gäbe es ja in der Praxis keine widersprüchlichen Konzepte. Aber vermutlich ist das der Konsens im Gender-Sack: dort ist es warm und kuschelig, man ist unter sich, und alle störenden Gegenmeinungen bleiben außen vor.

Und selbst im Lager der überzeugten Gleichstellungs-Feministinnen findet sich Widersprüchliches. So schlug etwa die grüne Bildungsministerin in NRW, Sylvia Löhrmann, im Sommer 2012 vor, Jungs und Mädchen in manchen Fächern getrennt zu unterrichten[24]. Mädchen bräuchten nämlich laut Löhrmann einen anderen Zugang zu Technik und naturwissenschaftlichen Fächern allgemein. In Chemie beispielsweise wollten Mädchen vor allem wissen: „Wofür brauche ich das?" Wollen Jungen das etwa nicht wissen?

„Wenn sie wissen, dass das zum Beispiel für Kosmetik interessant ist, haben sie einen eigenen Zugang", so Löhrmann. Kosmetik! Mehr Geschlechterstereotyp geht kaum. Und ob es hilfreich ist, wenn sich die angehende Chemielaborantin der Illusion hingibt, dass sie fortan verschiedene Lippenstiftfarben anrühren kann, anstatt sich wie alle anderen mit der Vielseitigkeit der Chemiebranche zu beschäftigen? Und wenn Jungs und Mädchen doch eigentlich gleich sind, warum brauchen sie einen unterschiedlichen Zugang? Sollte da etwa die Veranlagung, die Biologie im Spiel sein? Nein, so weit wollen wir nicht gehen, denn das Mantra „Alle sind gleich" muss auf jeden Fall aufrechterhalten werden.

Frau Löhrmann schlug auch vor, getrennte Mädchen- und Jungentische bei Experimenten und Computerarbeit zu machen, weil Mädchen sonst von den besseren Jungs eingeschüchtert werden. Während man also in Sachen Einheitsschule gerade bei den Grünen darauf setzt, unterschiedliche Schülerkompetenzen unbedingt gemeinsam zu beschulen, weil so die Schlechten von den Guten profitieren, soll das gleiche Prinzip zwischen Jungs und Mädchen plötzlich schädlich sein. Merke: Doofe und Kluge können zusammen an einem Tisch sitzen, Mädchen und Jungen aber nicht.

Beim Gender-Kongress in Paderborn sah man jedenfalls genau diese Betonung von weiblichen und männlichen Kompetenzen „mit Besorgnis", denn angeblich werden Jungs und Mädchen in ihrem „Entwicklungsspielraum erheblich eingeschränkt", wenn ihre Weiblichkeit und ihre Männlichkeit als „herausgehobenes Persönlichkeitsmerkmal überbetont und verallgemeinert" wird. „Vereindeutigende pädagogische Strategien" stünden zudem in Widerspruch zum Bildungsauftrag der Schule, Chancengleichheit herzustellen. In Klardeutsch: Obwohl nicht einmal die Wissenschaft sich einig ist, was nun richtig ist, ob man Stereotype nun bestärken oder abschaffen soll, sind sich die Gender-Experten jedenfalls sicher: Mädchen als Mädchen zu behandeln und Jungs als Jungs, das steht der Chancengleichheit im Weg.

Chancengleichheit ist in Deutschland nämlich Ergebnisgleichheit geworden. Und so kommt es nicht darauf an, ob eine Frau das Gleiche machen will wie ein Mann oder ob sie das Gleiche tun kann wie ein Mann – wahre Emanzipation ist in der schönen neuen Gender-Welt erst erreicht, wenn frau auch tatsächlich das Gleiche *tut* wie ein Mann.

Schluss mit dem Titten-Bonus

Und damit sind wir nahtlos bei der Frauenquote angelangt und beim nächsten Mythos: der gläsernen Decke.

Dieses ominöse Gebilde hält die Frauen nämlich von den oberen Etagen der Republik fern, hörte ich. Reihenweise ist zu beobachten, wie sie mit ihren gut lackierten Fingernägeln an der Belletage der Vorstände kratzen, und niemand lässt sie rein. Zu der gläsernen Decke ist aktuell auch noch die „Gläserne Drehtür" bzw. die „Gläserne Falltür" gekommen. Türen aus Glas sind ja sowieso nicht besonders stabile Erscheinungen, in diesem Fall sind die nicht stabilen Führungsposten von Frauen gemeint.

Die Schweizer Handelszeitung[25] berichtet von den Erkenntnissen der Autorin Elisa Streuli[26], denen zufolge zwar immer mehr Frauen in die Führungsetagen kommen, aber auch schnell wieder raus sind. Je nachdem, ob sie freiwillig gehen (Drehtür) oder gegangen werden (Falltür), ist aber immer klar: Sie haben es ganz doll schwer, weil sie Frauen sind. Ihr sensibler Führungsstil wird mit Schwäche verwechselt und man traut ihnen weniger zu. Die Fluktuation bei Frauen ist demnach mit 23 Prozent fast doppelt so hoch wie bei Männern. Streuli attestiert den Männern hingegen die „Goldene Kette", an der sie im Vorstand gehalten werden.

Überhaupt scheint neben viel Glas auch viel Gold in den Vorstandsetagen im Spiel zu sein. Im Musterland Norwegen gibt es die sogenannten „Goldröcke". So nennt man dort spöttisch die Quoten-Damen in den Vorständen. Denn seit Norwegen die verbindliche Quote für Frauen eingeführt hat, teilt sich dort eine Handvoll Frauen diese Posten auf. Man findet nämlich auch in Norwegen trotz jahrelanger gendersensibler Erziehung nicht genug Frauen, um jeden gesetzlich geforderten Posten mit unterschiedlichen Frauen zu besetzen. Also haben manche der Damen eben drei oder vier oder auch mehr Vorstandsposten inne und vergolden sich damit den Lebensabend, wahlweise den Rock. Eine derartige Ämterhäufung bei Männern und das auch noch gesetzlich verordnet würde auf feministischer Seite sofort einen neuen Aufschrei produzieren. Ämterhäufungen bei Frauen sind hingegen ein emanzipatorischer Akt.

Nirgendwo kann man den Opportunismus der Rollenstereotypen-Debatte anschaulicher erklären als anhand der Frauenquoten-Diskussion. Blicken wir also einmal nach Deutschland. Intrige, Erpressung … nein, es waren keine schönen Wörter, die rund um den Machtkampf innerhalb der CDU – Frauen gegen den Rest ihrer Partei – im April 2014 fielen. Der Bundestag entschied über die Einführung einer Frauenquote. Angeführt von Ursula von der Leyen haben die Damen damals im Kampf um die gesetzliche Frauenquote in Fraktion und Koalition ein Schlachtfeld hinterlassen. Frau von der Leyen paktierte mit dem politischen Gegner und setzte der eigenen Fraktion die Pistole auf die Brust – herrlich, dieses Schauspiel, fehlte nur noch Popcorn in der ersten Reihe.

Gleichzeitig bot es einen wunderbaren Anschauungsunterricht zu der Frage, was sich ändert, wenn ab sofort mehr Frauen in Entscheidungspositionen sitzen; sozusagen an den Schalthebeln der Macht. Nämlich gar nichts. Eiskalt, risikofreudig, machtbewusst und mit dem Kopf durch die Wand, koste es, was es wolle: So hat sich Frau von der Leyen in der Frauenquoten-Frage in ihrer Partei durchgesetzt. Damit erfüllt sie so ziemlich jedes Klischee, das einem männlichen Kollegen den Stempel „typisches aggressiv-männliches Potenzgebaren" aufgedrückt hätte.

Darf sie das, so als Frau? Ja, sicher, immer raus mit dem eigenen Ego. Frau darf zeigen, was sie drauf hat. Warum auch nicht? Das machen die Männer doch auch so, nicht wahr?

Typisch männliches Verhalten ist also okay, wenn es von einer Frau kommt. Das kennen wir ja schon von dem neuen weiblichen Geschlecht „Butch". Es wäre einfach nur großartig, wenn man uns im gleichen Atemzug endlich mit diesem Mantra von den angeblich typisch weiblichen Eigenschaften von Softskills über Empathie bis Teamfähigkeit verschonen würde. Diese werden nämlich immer dann gern aufgezählt, wenn begründet werden soll, warum Frauen jetzt dringend die Vorstandsetagen bereichern müssen und das im Zweifel auch mit einer Quote erzwungen werden muss. Dieses Plus an Weiblichkeit, das die Welt schöner, runder, weicher, sympathischer und erfolgreicher machen soll und dank dem vermutlich auch das globale Wetter besser und der Weltfrieden endlich Realität wird. Weil nur wir Frauen dies angeblich bewerkstelligen können. Dass man Männern all diese positiven Eigenschaften im gleichen Atemzug abspricht, interessiert dann auch niemanden mehr, dabei ist es Sexismus in Reinkultur.

Und dazu dieses ganz besondere Gender-Paradoxon, das man vermutlich nur nach mehreren Semestern Gender Studies in Logik umwandeln kann: dass die Armada der Berufs-Feministinnen bei der Quote ausgerechnet mit genau den weiblichen Eigenschaften argumentiert, die man uns doch gerade flächendeckend abzutrainieren bemüht ist. Dabei sind das doch angeblich nur böse Stereotype. Fragt mal die Gender-Forschung in Paderborn! Man will doch bereits den Mädchen das Weibchen-Schema endlich austreiben und sie in ihrer Weiblichkeit nicht noch bestärken. Weil Geschlecht nur ein Konstrukt ist, um den Männern die Macht zu sichern.

Nur: Wenn wir doch alle gleich sind und die Unterschiede zwischen Mann und Frau gerade durch gendersensible Erziehung ausgemerzt werden sollen – bis in die letzte sprachlich kleinkarierte Formulierung –, wozu brauchen wir dann plötzlich doch explizit weibliche Eigenschaften, dieses Produkt falscher Erziehung? Damit ist das opportunistische Gender-Paradoxon leicht zu merken: Wenn es was nützt, dann gibt es „typisch weibliche" Eigenschaften, wenn es eher schadet, ist „typisch weiblich" eine Erfindung des Patriarchats. Die Gebärmutter ist also eine praktische Sache, wenn man einen Posten haben will.

Da nutzt es auch nichts, darauf hinzuweisen, dass unzählige Frauen bereits bewiesen haben, dass sie es auch ohne Quote können. Oder dass Führungsetagen kein Ponyhof sind, sondern Haifischbecken, wo nur der dauerhaft mitschwimmt, der es kann. Denn Führungskompetenz ist keine Frage von Geschlecht, sondern von Zielstrebigkeit, eisernem Willen, Charakter und auch Stärke. Dafür scheint die Quote einfach eine zu beliebte Minderheitenpolitik zu sein. Das Bonbon für eine kleine Frauen-Elite in Wirtschaft und Politik. Ein kleiner Girls-Club wird davon profitieren. Frauen, die sich bereits ganz ohne Quote nach oben gekämpft haben und bewiesen haben, dass man auch so sehr weit kommen kann, wenn man sich anstrengt.

Gerade diese Frauen brauchen überhaupt keine Hilfe und nein, sie werden auch nicht automatisch mehr Frauen nachziehen. Das ist auch so ein weiblicher Mythos, dass Frauen in Führung andere Frauen unterstützen. „Wenn zwei Frauen nebeneinander sitzen, dann zieht es", sagte einst Marlene Dietrich. Das gilt auch oft für Bürostühle. Deswegen gibt auch laut Umfrage die Mehrheit der Frauen in Deutschland selbst an, lieber einen Mann als Chef haben zu wollen als eine Frau[27].

Die 200 oder 300 Plätze, die jetzt mit Einführung der Quote in den Aufsichtsräten zu vergeben sind, bringen Millionen Frauen in Deutschland gar nichts, die sowieso ganz andere Pläne haben in ihrem Leben. Allein die Behauptung, dass gar nicht so viele

Frauen in Führung gehen wollen wie Männer, verursacht aber in der Regel Schnappatmung bei eifrigen Frauenbefreierinnen. Die Politik hingegen kann sich nun selbst auf die Schulter klopfen: „Mein Gott, haben wir gerade viel für die Frau getan. Wir haben sogar eine Quote eingeführt. Und damit ist aber mal gut, jetzt gehen wir über zum Tagesgeschäft."

Die Männer sind an allem schuld

Letztendlich ist das Frausein auch noch eine wahnsinnig gute Erklärung dafür, wenn man einen Posten nicht bekommen hat oder durch die „Gläserne Falltür" wieder verschwunden ist. Als Frau muss man sich niemals Gedanken darüber machen, ob es an mangelnder Kompetenz, am falschen Auftreten oder fehlender Erfahrung gelegen hat – nein, man kann immer behaupten, dass man keinen Erfolg hatte, weil man eine Frau ist. Und weil diese Männer einen nicht ranlassen, geringschätzen oder gar belächeln.

Und wieder sind wir in den 60-ern angelangt: Die Männer sind an allem schuld. Männer haben solche Ausreden nicht. Die sind immer persönlich verantwortlich, was aber auch klar ist, denn schließlich haben sie qua Geburt böses männliches Karma.

Bleibt nur noch eine Lösung für den weißen Mann auf dem absteigenden Ast: Springen Sie auf den Queer-Zug auf, meine Herren! Geschlecht ist fließend veränderbar und kann der Karriere angepasst werden. Entdecken Sie Ihre weibliche Seite, streifen Sie einen Rock über und bewerben Sie sich schon morgen als Frau für den nächsten Vorstandsposten. Geschlecht sucht man sich heute aus und Damenschuhe bekommt man inzwischen problemlos auch bis Größe 45! Vergessen Sie aber nicht, Ihren Gender-Status auf dem Facebook-Profil rechtzeitig zu aktualisieren! Vielleicht sollten Sie das Ganze aber vorsichtshalber vorher in einer Frauen-Umkleidekabine im Schwimmbad Ihres Vertrauens ausprobieren. Sollte man Sie nicht ernst nehmen, klagen Sie einfach auf Diskriminierung aufgrund von Geschlecht oder fragen Sie Profx Lann Hornscheidt, denn der/die/das kennt sich damit aus.

Vielleicht ist die Quote aber sogar der perfideste Plan des Patriarchats, um uns Frauen für immer eine Stufe tiefer festzuzementieren. Die Männer geben sich gönnerhaft, tätscheln uns den Arm, schmeißen uns ein paar Brocken in Form von Prozenten hin und können uns im Umkehrschluss nun tagtäglich vor Augen führen: „Ihr könnt es doch nicht allein, ihr braucht die Quote für das, was wir so schaffen. Aber kein Problem, Schätzchen, da helfen wir dir doch gern."

Und in unheiliger Allianz spielen Frauen bei diesem Plan auch noch den Steigbügelhalter, während man sich in manchen männlichen Kreisen über den „Tittenbonus" lustig macht.

6. Ein Puff für alle im Lehrplan

Gendergerechtes Spielen reicht natürlich nicht aus, um Kinder auf die richtige Spur zu bringen, da muss man schon ein bisschen mehr tun, damit sie gleich mit einem toleranten Verständnis zur Geschlechterwelt groß werden. Kampfbegriff hierfür ist die „sexuelle Vielfalt".

Vielfalt, das klingt sympathisch, weltoffen und tolerant. Doch merke: Überall, wo sexuelle Vielfalt draufsteht, ist das verqueere Gender drin. Damit kein Kind durch die Lappen geht, gibt es nur einen Weg, diese sexuelle Vielfalt flächendeckend im Land an jedes Kind heranzutragen: die Schule. Dank der Schulpflicht wird dort jedes Kind erreicht, und was aus der Gender-Perspektive noch viel besser ist: Die Eltern bleiben außen vor. Herrlich!

Eltern, das sind doch diese heterosexuellen, zwangsdeterminierten Störenfriede, die in der Regel in unterdrückenden Zweierbeziehungen leben, auch „Ehe" genannt. Eltern, diese verklemmten Spießer, die ihren Kindern eine ordentliche Aufklärung in Sachen Sex verweigern. Weiß man doch! Wie soll sich ein Kind da sexuell entfalten und all seine vielen möglichen Geschlechter entdecken oder gar ausprobieren, wenn Elternhäuser mit Erziehung, Moral, Anstand oder gar Kirche um die Ecke kommen? Eltern sind aus der Gender-Perspektive also Verhinderer Nummer 1 für eine flächendeckende Sexualaufklärung jenseits von Bienchen und Blümchen, Störfaktoren bei der sexuellen Entfaltung ihrer Kinder.

Und wie man hört, beharren manche von ihnen tatsächlich immer noch auf ihrem elterlichen Erziehungsrecht. Das kann man ihnen nicht so einfach nehmen, weil es dummerweise im Grundgesetz garantiert wird. Eifrige Sexualaufklärer haben also eine ganz andere Strategie entwickelt, um an den Eltern vorbeizukommen: Sexuelle Vielfalt wird neuerdings einfach zur Allgemeinbildung erhoben. Sex als Kernkompetenz! Man schreibt es in den Lehrplan, verbreitet passendes Lehrmaterial und schon wird aus Sex Bildung. Wollten wir nicht alle schon immer mal alles über Sex wissen und haben uns bloß nicht zu fragen getraut? Eben!

Sex nach Lehrplan

Und so tobt derzeit im beschaulichen Baden-Württemberg ein mittlerer Kulturkampf um die Frage, ob die „Akzeptanz sexueller Vielfalt" fächerübergreifend in den Lehrplan aufgenommen werden soll. Die neue grün-rote Landesregierung will es, die Eltern haben mit fast 200 000 Unterschriften und in zahlreichen Demos dagegen protestiert. Nun haben sich zwar gerade die Grünen immer für Bürgerbeteiligung in der Politik stark gemacht, aber bitteschön nur, wenn es die richtigen Bürger sind, mit den richtigen Themen und der richtigen Gesinnung. Also, wenn wir zum Beispiel für mehr Froschzäune an Bundesstraßen, gegen Bahnhöfe in Stuttgart oder für den Veggie-Day an Ganztagsschulen eintreten würden, könnten wir wohl auf die volle Unterstützung der Grünen zählen. Aber nicht, wenn es um die sexuelle Vielfalt unserer Kinder geht.

Die Fronten in Baden-Württemberg wurden nach den ersten Elternprotesten gleich nach bislang erfolgreichem Schema festgenagelt: Die Guten waren selbstredend die Befürworter des neuen Bildungsplans. Weltoffen, tolerant und ganz sicher sexuell vielfältig. Die Bösen waren die Unterzeichner der Petition gegen den Bildungsplan, die Demonstranten, die Eltern, auch bekannt als Fundamentalisten, Toleranzgegner, Christen, Homophobe und irgendwie auch Rechtsradikale. Ja, das sollte als Stigmata ausreichen.

Bislang ging die Rechnung ja auch immer auf, alle Gender-Gegner in die gesellschaftliche Strafecke zu verbannen. Da wurde blumig über Toleranz schwadroniert, die die einen üben wollen, die anderen aber angeblich verweigern. Herrlich auch die Verrenkungen, die manche machten, um die Begriffe „Toleranz" und „Akzeptanz" in einen Topf zu werfen. Der Bildungsplan in Baden-Württemberg sah nämlich nicht „Toleranz" sexueller Vielfalt als Bildungsziel vor, sondern „Akzeptanz".

Toleranz war gestern! Es reicht den Gender-Aktivisten nicht, dass wir still hinnehmen, dulden, also „tolerieren", dass manche anders sind oder sein wollen – nein, unsere Kinder müssen die Seite wechseln, gut finden, das Konzept der sexuellen Vielfalt „akzeptieren". Also Gesinnungsunterricht par excellence. Und zwar nicht nur im Sexualkundeunterricht, sondern fächerübergreifend. So was muss man sich erst mal ausdenken.

Immer schön ist auch der Einwand der Ahnungslosen, es sei doch angesichts der gelebten Realität geboten, dass man an den Schulen auch neue Familienformen bespricht oder mit den Schülern über Homosexualität, Transsexualität oder Sonstwiesexualität rede. In Zeiten von Conchita Wurst und wöchentlich neuen öffentlichen Outings seien die Schüler doch mit der Thematik ständig konfrontiert. Und recht haben diese Leute noch dazu, das muss man sagen. Und deswegen tun wir es ja schon seit Jahren. Mit den aktuellen Lehrplänen und ohne dass wir es fächerübergreifend in den gesamten Unterricht packen müssten. Fragt sich aber, ab welchem Alter und mit wie vielen Details. Muss mein Neunjähriger in der Grundschule wirklich lernen, Kondome über einen Holzpenis zu streifen, weil sonst die Gefahr besteht, dass er aus Versehen seine Sitznachbarin schwängert?

Für alle, die immer noch daran glauben, dass Sexualkundeunterricht ja nur aufklären will, weil die Eltern eben zu verklemmt dafür sind, dass Gender Mainstreaming nur so ein Gleichheitsding von Mann und Frau ist; für alle, die immer noch glauben, dass die Akzeptanz sexueller Vielfalt im Bildungsplan von Baden-Württemberg lediglich auf ein friedliches Miteinander aus ist und die Beschimpfung „schwule Sau" vom Schulhof verbannen möchte; ja, für all diejenigen empfehle ich einmal die Lektüre der Praxisbücher und Unterrichtsmaterialien von einschlägigen Sexualpädagogen, die sich schon längst an die Umsetzung gemacht haben.

Es ist doch immer schön, über Fakten zu sprechen, anstatt zu theoretisieren, und wir beginnen unsere Reise durch die wunderbare Welt der sexuellen Vielfalt des bereits existierenden Sexualkundeunterrichtes an deutschen Schulen in Berlin, dem Gender-Mekka Deutschlands. Die Stadt ist ja bekanntlich sexy. Entsprechend ist die „sexuelle Vielfalt" schon seit Längerem im Lehrplan, und man hat mit dem Segen der Berliner Senatsverwaltung sexuell vielfältiges Material geschaffen. Ja, das müssen schon ganz besondere Pädagogen sein, die sich beispielsweise Pantomime-Spiele ausgedacht haben, bei denen Schüler Begriffe wie „Darkroom", „zu früh kommen", „Sadomaso" oder „Porno" als lustige Spieleinheit vor der ganzen Klasse vorführen sollen. Enthalten in einer Handreichung des Landesinstituts für Schule und Medien Berlin-Brandenburg (LISUM[28]). Laut

Spielanleitung sei mit einem „Spaßfaktor" zu rechnen. Und wenn einem Kind das zu peinlich ist, dann muss es eben daran arbeiten, nicht mehr so verklemmt zu sein.

So ein Spaß sollte eigentlich nicht nur für 13- und 14-Jährige zur Verfügung stehen. Das sollten Sie unbedingt bei der nächsten Betriebsfeier im Büro als Eisbrecher unter den Kollegen vorschlagen. Sie können auch einfach Ihre sexuellen Vorlieben diskutieren oder ein paar der anderen Begriffe nehmen wie „Selbstbefriedigung", „Prostituierte" oder „Orgasmus". Das hat doch den Film „Harry und Sally" auch zum Kassenschlager gemacht. Gut, möglicherweise haben Sie anschließend eine Anzeige wegen sexueller Belästigung am Arbeitsplatz am Hals, dann können Sie aber einfach darauf verweisen, dass so etwas ganz normal ist und sogar Bildung. Das wird jeden Richter überzeugen.

Doch auch die Planung eines „schwulen oder lesbischen Wochenendes" in Berlin kann laut dieser Unterrichtsempfehlung als Bildung gelten. Arbeitsaufgabe: „Stell dir vor, deine lesbische Cousine/dein schwuler Cousin kommen für ein Wochenende zu Besuch nach Berlin. Du möchtest ihnen ein spannendes Wochenende bieten und überlegst dir daher, was Menschen von Freitagabend bis Sonntagabend in Berlin machen können, wenn sie lesbisch oder schwul sind." Ziel der Unterrichtseinheit soll sein, aufzuzeigen, dass das Freizeitverhalten von Homosexuellen sich gar nicht groß von dem der Heterosexuellen unterscheidet. Man will also Gemeinsamkeiten aufzeigen. Spontan fällt einem ein: Dann können die doch ein bisschen Sightseeing machen, Kino, Clubs, Musik, Tanzen, was junge Leute eben interessiert, völlig egal, wer nun wen liebt.

Stattdessen greift man hier voll in die Klischeekiste, die eher Vorurteile verstärkt als abbaut: Da soll der Schüler in Magazinen wie „Siegessäule" recherchieren. Weil in dem „queeren" Magazin nicht alles jugendfrei ist, muss der Lehrer vorher die Hefte zensieren. Man darf aber auch online arbeiten, und um „das Aufsuchen nicht jugendfreier Seiten zu vermeiden, sollten vorher einige Links angegeben werden oder die Suche auf den Internetauftritt der Siegessäule beschränkt werden." Klar, daran halten sich Jugendliche bei ihren Recherchen über Sex im Internet sicher.

Doch auch bei „Siegessäule" finden sich tolle Freizeittipps der besonderen Art: Von der Porno-Messe bis hin zur Schlagerparty im „Ficken 3000", was offenbar der Name der Lokalität ist. Die Beschreibung ist vielversprechend: „Im Oktober hieß es erstmals Schlager Marsch im Ficken 3000! Fortan wird jeden ersten Donnerstag im Monat die kuschelige Bumshöhle zu einer Helene-Fischer-Gedächtnis-Orgie. Und nicht nur quietschfidele Schlagermucke wird geboten, sondern ebenso eine Transenshow und heißer Striptease. Im Keller darf man dann wie gewohnt die Hose zum Hossa! runter lassen." Toll auch die Kleinanzeigen, da kann der Cousin gleich neue Freundschaften schließen: „Sportler 39 sucht Teenboy/Boy Kerl, dünn, geil und willig" oder auch „Kliniksklave 43/1,84/73kg, sportlich gesund, immer geil und willig. Suche dom. Doktor für tiefgründige Untersuchung".

Die Berliner Pläne gelten übrigens fächerübergreifend auch für Biologie, Deutsch, Englisch, Geschichte, Sozialkunde, Ethik, Psychologie und Latein. In Latein[29] beispielsweise sollen Catulls Gedichte zur Knabenliebe übersetzt und diskutiert werden, hübsch aufgelistet mit Themenbereichen wie „Analverkehr als Strafe für unzüchtige Knaben" oder auch „Passive Hingabe als Karrieremittel".

Da bemüht man sich also auf der einen Seite selbst mit Zensurversuchen im Internet, mit von Krankenkassen geförderten

Programmen und mit Pädagogen, die „Generation Porno" wieder in die Spur zu kriegen, während auf der anderen Seite Pädagogen und „Aufklärer" versuchen, selbst mithilfe von Lehrplänen Sexualpraktiken bis ins Detail als Bildung zu verkaufen. Wie das so mit Jugendlichen und Pornos ist, darüber gibt es nämlich zwischen normalen Spießbürgern und fortschrittlichen Sexualpädagogen wieder geteilte Meinungen.

Porno für Anfänger

Wissenschaftlich tonangebend ist in dieser Debatte das Hamburger Institut für Sexualforschung am Universitätsklinikum Hamburg-Eppendorf (UKE). Deutungshoheit erlangt es vor allem deshalb, weil es das einzige Institut in dieser Thematik ist, also praktischerweise konkurrenzlos. Und so arbeitet die sogenannte „Hamburger Schule"[30] auch für die Bundeszentrale für gesundheitliche Aufklärung. Die wiederum erstellt die Broschüren, die man an den Schulen unseren Kindern in die Hand drückt. Freundschaftlich verbunden ist man auch mit Pro Familia, dem eifrigen Aufklärungsinstitut, das ebenfalls gern Sexualkundeprojekte an Schulen macht und im Nebengeschäft mit Abtreibung Geld verdient. Die Hamburger UKE-Forscherin Silja Matthiesen ist zum Beispiel gleichzeitig Mitarbeiterin bei Pro Familia und findet Pornokonsum bei Jugendlichen unproblematisch, denn die meisten Teenager hätten sich längst eine „reflektierte Pornografie-Kompetenz"[31] erarbeitet.

Pornografie-Kompetenz, wow, und das auch noch reflektiert. Bestimmt kommt das auch bald in die Lehrpläne, denn Kompetenzen kann man schließlich nicht genug haben.

In Hamburg haben wir auch Kurt Starke. Auch er ist der Meinung, Pornografie schadet Jugendlichen nicht. Die Veröffentlichung dieses bahnbrechenden und sicher ganz neutralen

Forschungsergebnisses[32] hat er sich übrigens von der „Huch Mediengruppe" bezahlen lassen.

„Huch!", wird da sicher der eine oder andere sagen, wenn er sich online auf den Seiten des Unternehmens umschaut, denn es handelt sich um einen Erotikdienstleister und bei Huch kann man nicht nur wissenschaftliche Expertise finden, sondern auch neue Freunde.

Starke wehrt sich gegen den Vorwurf, er und seine Mitstreiter würden das Thema Porno verharmlosen, und sicher ist die finanzielle Verbindung zur Pornobranche einfach nur ein dummer Zufall und hat nichts mit dem Inhalt seiner Arbeit zu tun. Forschung müsse eben bezahlt werden, sagte er im Interview mit der Zeit und „als Freiberufler muss man auch noch von etwas leben".[33] Das verstehen wir alle, Herr Starke. Wenn die Tabakindustrie ein Gutachten bezahlen würde, das zu dem Ergebnis kommt, dass Rauchen unbedenklich ist und uns Sucht-Kompetenz vermittelt, dann wäre das doch auch absolut glaubwürdig.

Für die Bundeszentrale für gesundheitliche Aufklärung ist Sexualkompetenz für Kinder keine neue Idee. Dort hat man gemeinsam mit der Weltgesundheitsorganisation WHO schon längst die Empfehlung ausgesprochen, dass sexuelle Aufklärung bereits ab vier Jahren stattfinden soll. Auf UN-Ebene kämpfen entsprechende, vor allem auch feministische Lobbygruppen schon seit Jahren darum, dass „sexuelle und reproduktive Rechte" schon für Jugendliche gelten, dort setzt man die Altersgrenze ab 12 Jahren. Im Klartext hier: Kinder ab 12 sollen bereits ohne Zustimmung der Eltern Zugang zu Verhütungsmitteln haben und Abtreibungen vornehmen lassen dürfen. Ja, was für ein Fortschritt, am besten sollte man das gleich im Grundgesetz als Kinderrecht verankern!

Als ich im März 2013 in der Sendung „Maischberger" zu diesem Thema aus einem Zeitungsbericht zitierte, in dem Grundschüler in Baden-Württemberg beigebracht bekamen, dass Lesben sich gegenseitig befriedigen, indem sie sich „lecken", reagierte die Moderatorin Sandra Maischberger hektisch mit der Frage, um wie viel Uhr die Sendung ausgestrahlt wird – also ob dies spät genug ist, damit keine Kinder mehr vor dem Fernseher sitzen. Der intellektuell etwas benachteiligte Teil der Internet-Gemeinde freut sich bis heute am Wort „lecken" im deutschen TV. Aber zumindest haben wir eine neue Erkenntnis: abends im TV ist das Wörtchen „lecken" ein Problem. Morgens in der Grundschule ist es Bildung. Gut, dass wir das geklärt haben.

In Nordrhein-Westfalen wiederum ist es für Jungen möglich, mit freundlicher finanzieller Unterstützung des Familienministeriums NRW einen „Kondom-Führerschein" zu machen, mit Silikonpenis und Augenbinde, damit es auch im Dunkeln funktioniert. Die Bundeszentrale für gesundheitliche Aufklärung empfiehlt dieses Projekt für Schulen, gern werden dafür externe Kooperationspartner mit ins Boot geholt, wie etwa Pro Familia. Mit zum Konzept gehört, dass selbst der Lehrer aus dem Raum geht, damit es ganz unverklemmt zugehen kann, am Schluss also gar keine vertraute Person der Kinder mehr anwesend ist, wenn es um das Intimste geht.

Schwule Prinzen

In NRW existiert auch das Projekt „Schule der Vielfalt – Schule gegen Homophobie"[34], selbstredend ebenfalls gefördert mit Steuergeldern aus dem Schulministerium. Kooperationspartner ist dort auch das „Netzwerk SchLAu NRW"[35], gefördert vom Emanzipationsministerium NRW. Nach erfolgreicher Teilnahme darf sich die Schule ein Schild mit der Aufschrift „Come in/

Wir sind offen – lesbisch-schwul-bi-hetero-trans*" an die Tür heften, und wenn man ganz besonders eifrig war, gibt es anschließend den Vorschlag einer gemeinsamen Fahrt zum nächsten Christopher Street Day, als Solidaritätsbekundung. In Berlin wurde auch ein eigener Medienkoffer[36] für die Kindergärten entworfen, damit die Vierjährigen endlich „Rollenstereotype durchbrechen", und zwar bevor sie überhaupt wissen, dass es sowas wie Rollenstereotype gibt.

Wie zum Beispiel im Buch „König und König", wo auch der schwule Prinz endlich jemanden zum Heiraten findet. Mit der Thematisierung gleichgeschlechtlicher Liebe soll dort die „soziale Kompetenz" der Vierjährigen gefördert werden. Im Buch von „Prinzessin Pfiffigunde" hingegen werden alle heterosexuellen Heiratskandidaten mit einem Kuss in Kröten verwandelt, damit hat sie „endlich wieder ihre Ruhe und führt ein glückliches Leben". Ist doch gut, wenn schon Kindergartenkinder lernen, dass es toll ist, wenn Schwule heiraten, für die kleinen Hetero-Mädchen die Ehe aber nichts ist. Die haben nämlich sonst keine Ruhe vor den Hetero-Jungs.

Die Leiterin der Koffer-Initiative, Conny Kempe-Schälicke, erklärte gegenüber der Presse die Zielsetzung: „Vielmehr geht es um Vielfalt. Weg von der klassischen Vater-Mutter-Kind-Familie, hin zu Modellen, in denen Kinder auch glücklich sein können."[37] Die Kinder sollten sich Gedanken darüber machen, „wie es ist, wenn man nicht genau weiß, ob man männlich oder weiblich ist. Als Jugendliche können sie sich dann bewusst für eine sexuelle Identität entscheiden, so wie für eine Religion".

Demnächst werden die Kinder dann wohl auch darüber entscheiden müssen, welche Hautfarbe sie haben, denn die Hautfarbe ist ja irgendwie auch diskriminierend. Fehlt nur noch, dass sie lernen, ihr Geschlecht zu tanzen.

Ein absolutes Schmankerl ist allerdings das als „Standard-werk" empfohlene Buch „Sexualpädagogik der Vielfalt"[38] aus dem renommierten wissenschaftlichen Juventa-Beltz Verlag. Eine echte Fundgrube, Baden-Württemberg kann sich schon mal freuen. Die Zielsetzung ist dort ganz im Sinne von Gender Mainstreaming die „Vervielfältigung von Sexualitäten, Identitäten und Körpern (!)", aber auch die „Verwirrung" und „Veruneindeutigung" der Jugendlichen. Ein Ziel könne auch im „Verstören, im Aufzeigen verschiedener Identitätsmöglichkeiten und im Schaffen neuer Erlebnisräume" liegen. Erlebnisräume, ja, das passt super zum Bildungsplan in Baden-Württemberg, denn die Jugendlichen sollen ja laut Plan im Internet über neue sexuelle Identitäten recherchieren. Da wird sich dem einen oder anderen sicher ein großer „Erlebnisraum" der Sexualität auftun, vor allem bei der Bildersuche: „Nein, Mama, ich gucke keine Pornos, ich recherchiere für die Hausaufgaben."

Aber so weit muss der Schüler gar nicht gehen, er kann einfach am Alles-kann-nichts-muss-Fachunterricht teilnehmen. Dildos, Potenzmittel (für Kinder ab 14!), Lack, Leder, Latex, Aktfotos, Vaginalkugeln und Handschellen sollen laut „Sexualpädagogik der Vielfalt" beispielsweise als Unterrichtsmaterialien von den Schülern für verschiedene Parteien eines Mietshauses „ersteigert" werden. In dem wohnt zwar kein einziges heterosexuelles Paar mit Kindern, was der Lebenswirklichkeit der meisten Kinder in Deutschland am nächsten käme, dafür aber alleinerziehende Mütter, Lesben mit und Schwule ohne Kind, aber auch ein klassisches Heteropaar ohne Kinder. Nicht geklärt ist, wer von ihnen die Handschellen bekommt.

Die Schüler können alternativ den „neuen Puff für alle" kreieren, was sicher ebenfalls einen hohen Spaßfaktor bietet. Das Haus soll im Unterricht mit allerlei Zimmern bestückt werden, indem man der pädagogisch wertvollen Fragestellung nach-geht: „Welche sexuellen Vorlieben müssen in den Räumen wie bedient und zufriedengestellt werden?", wobei explizit verschie-dene sexuelle Präferenzen und auch Praktiken benannt werden sollen. Super, wer da in der vierten Klasse schon beim „Lecken" gut aufgepasst hat, denn für den und die sind „Blowjob" und „Cunnilingus" keine Fremdwörter mehr.

Versext und zugenäht

Sollten sich unter den Jugendlichen doch noch ein paar Ver-klemmte finden, die mit der Prostitution an sich ein Problem haben, hat das Praxisbuch ebenfalls wertvolle Tipps: Die Lehr-kraft soll bei kritischen Fragen der Diskussion „die Tiefe neh-men", „indem sie auf die persönliche Freiheit hinweist, sexuelle Dienste in Anspruch nehmen zu dürfen bzw. diese anzubieten". Im Klartext: Der Lehrer soll selbst dann noch Prostitution ver-teidigen, wenn Schüler diese kritisch sehen. Na, wenn das mal nicht unverkrampft und modern ist!

Die Autorin dieses „Werkes", das beispielsweise in Hamburg auf der offiziellen Literaturliste des Lehrerinstituts stand, bevor es im Oktober 2014 nach Protesten entfernt wurde, ist Elisabeth Tuider, seit 2011 Inhaberin des Lehrstuhls „Soziologie der Diver-sität unter besonderer Berücksichtigung der Dimension Gender" in Kassel. Seit in zahlreichen Zeitungen über die Frage diskutiert wird, ob 12-Jährige wirklich wissen müssen, was „Gangbang" oder „Taschenmuschis" sind, ist man in Kassel ein bisschen ver-schnupft. Die Universität spricht von „diffamierenden Schmä-hungen" in sozialen Medien. Dabei sollte Frau Tuider doch als Wissenschaftlerin froh sein, dass wir alle uns so ausführlich mit ihrem Wissen beschäftigen. Wann bekommt man schon eine derartige Aufmerksamkeit für seine Arbeit und das gratis?

Ähnlich schizophren wie in der oben zitierten Maischberger-Sendung verläuft auch die öffentliche Debatte über den Bildungsplan in Baden-Württemberg. Der Vorsitzende des Philologenverbandes, Bernd Saur, warnte im Magazin „Focus" davor, Kinder „nicht vertretbaren Übergriffen durch entfesselte, öffentlich komplett enttabuisierte Sexualpädagogen" auszusetzen, denn „Themen wie Spermaschlucken, Dirty Talking, Oral- und Analverkehr und sonstige Sexualpraktiken inklusive Gruppensex-Konstellationen, Lieblingsstellung oder die wichtige Frage ‚Wie betreibt man einen Puff?' sollen in den Klassenzimmern diskutiert werden". Prompt empörte sich die Bildungsexpertin der Grünen, Sandra Boser, mit den Worten: „Was Bernd Saur von sich gibt, ist ekelhaft." Dabei hatte er lediglich aus „Bildungsmaterialien" zitiert. Für ein Gespräch unter Erwachsenen in der Öffentlichkeit fiel also das Urteil „ekelhaft", morgens in der Schule ist es aber „Bildung".

Alles dreht sich nur noch um Sex, möglichst früh, möglichst ausführlich, mit Bildern, Filmen, Literatur. Eltern, Lehrer, Vertraute stören dabei, es sollen echte Experten an die Kinder ran. Ja, es scheint derzeit kein drängenderes Problem zu geben, als Kindern Sex zu erklären. Wer es mit wem machen könnte, wie genau und warum und wem man davon erzählen soll und wem nicht. Und zwar schon bevor sie auch nur das erste Mal verliebt waren. Da wird alles im Unterricht totgequatscht, noch bevor es auch nur ansatzweise passiert ist.

Und natürlich nutzt das den Kindern, oder? Sie sollen frei sein, tolerant werden und haben doch ein Recht auf eigene Sexualität, nicht wahr? Warum nur kommt einem diese Rhetorik so bekannt vor? Richtig: Wir kennen sie schon aus der Zeit der Kinderläden, der „sexuellen Befreiung", der Reformpädagogik. Bis heute gibt es unappetitliche Zusammenhänge zwischen der

Szene der Befürworter pädophiler Sexualität und den heutigen Sexualpädagogen der Vielfalt.[39] Was damals nicht geschafft wurde, soll heute mithilfe von „Gender" und „Vielfalt" zu Ende geführt werden. Und wie schön, wenn die Kinderlein schon mal thematisch vorbereitet sind.

Vernetzte Sexperten

Nachdem wir nun schon Frau Tuider ein bisschen kennengelernt haben, ist es erhellend, sich das Netzwerk der Sexualbefreier unserer Kinder genauer anzusehen. Da haben wir zum Beispiel Uwe Sielert. Er ist Professor für Sozialpädagogik in Kiel, Mitbegründer der Gesellschaft für Sexualpädagogik (GSP) und angesehener Experte für Sexualaufklärung.[40] Er sitzt in zahlreichen wissenschaftlichen Beiräten, handelt auch im Auftrag der Bundeszentrale für gesundheitliche Aufklärung und arbeitete selbst in einer Kommission zur „Sexualethik" der Evangelischen Kirche mit. Sielert kommt aus der sogenannten „neoemanzipatorischen Sexforschung", die wiederum von dem bereits verstorbenen Helmut Kentler begründet wurde.

Kentler war einst Präsident der Deutschen Gesellschaft für Sozialwissenschaftliche Sexualforschung und saß im Beirat der Humanistischen Union. Seinen wissenschaftlichen Ruf ruinierte er dadurch, dass er in einem Modellprojekt verwahrloste Teenager-Jungs bei bekannten Pädophilen unterbrachte. „Diese Leute haben diese schwachsinnigen Jungen nur deswegen ausgehalten, weil sie eben in sie verliebt, verknallt und vernarrt waren", so Kentler. Das Projekt sei ein „voller Erfolg"[41] gewesen, berichtete er Jahre später in einem Gutachten. „Mir war klar, dass die drei Männer vor allem darum so viel für ‚ihren' Jungen taten, weil sie mit ihm ein sexuelles Verhältnis hatten." Gestört hat damals offenbar niemanden die Verbindung von Homosexualität und Pädophilie. Es waren ja auch die Zeiten, als bei den Grünen die berühmt-berüchtigte „Bundesarbeitsgemeinschaft Schwule, Päderasten und Transsexuelle", liebevoll auch SchwuP-AG genannt, am Werke war, die sich für eine Straffreiheit von sexuellen Beziehungen zu Kindern einsetzte.

Auch 20 Jahre später störte es immer noch niemanden, da erhielt Kentler von der Berliner FDP-Jugendsenatorin Cornelia Schmalz-Jacobsen den Auftrag, die Eignung Homosexueller als Pflegeeltern zu beurteilen. Wie die Zeitung „taz" berichtet, lieferte der Wissenschaftler unverlangt auch eine Empfehlung für Sex mit Schutzbefohlenen ab[42]. Kentler selbst war ledig, bekennender Homosexueller und hatte drei Adoptivsöhne. Was für ein Zufall. Wie man außerdem Wikipedia entnehmen kann, war er „väterlicher Freund"[43] von oben genanntem Uwe Sielert. Und so schließt sich der Kreis.

Im Oktober 2014 fand übrigens in Leipzig eine Fachtagung für 120 Kita-Erzieherinnen zum Thema Sexualerziehung im Kindergarten statt. Da wird keine Zeit verschwendet, damit auch im Kindergarten schon die sexuelle Vielfalt erblühen kann. Zu den Referenten zählte Frau Professorin Christa Wanzeck-Sielert. Von ihr stammen Bücher wie „Mädchen und Jungen in der KiTa: Körper, Gender, Sexualität" und auch gemeinsam mit Professor Uwe Sielert hat sie bereits veröffentlicht, man teilt nicht nur Anschrift und Namen, man arbeitet wohl auch am gleichen Projekt.

Man stößt auch in anderem Zusammenhang wieder auf Frau Professor Tuider. Ihre Dissertation wurde von Uwe Sielert begutachtet, und gemeinsam mit Stefan Timmermanns haben Sielert und Tuider das Buch „Sexualpädagogik weiter denken. Postmoderne Entgrenzungen und pädagogische Orientierungsversuche" herausgegeben. Timmermanns ist bei dem

Schmankerl „Sexualpädagogik der Vielfalt" ebenfalls als Herausgeber genannt.

2008 dann verfasste die gleiche Elisabeth Tuider den Nachruf auf den Pädophilen-Versteher Helmut Kentler. Kein Wort darin von seinen, freundlich ausgedrückt, schwierigen Ansichten zum Thema Pädophilie. Im Interview[44] verteidigt Tuider die Weglassung und möchte zwischen Arbeit und Privatleben Kentlers trennen. Im Nachruf heißt es dann aber so: „Der Weg zwischen persönlicher Erfahrung und beruflichem Engagement war bei Kentler stets kurz." Aha …

Der Nachruf auf Kentler wurde übrigens gemeinsam mit Rüdiger Lautmann verfasst[45]. Anscheinend ebenfalls ein Buddy im Netzwerk. Dieser Bremer Soziologe wandert gern auf grenzwertigen pädophilen Pfaden. 1994 erschien sein Buch: „Die Lust am Kind. Porträt des Pädophilen", in dem er zwischen bösen und guten Pädophilen unterscheidet und die Theorie aufwirft, dass eine pädophile „Beziehung" die Entwicklung eines Kindes fördern könne. Auch Lautmann ist wie Sielert Mitglied im Beirat der Humanistischen Union. Im Jahr 2006 war Lautmann außerdem Mitglied des Beirats des Forschungsvorhabens „rechtsstaatsächliche Untersuchung zur Situation von Kindern in gleichgeschlechtlichen Lebenspartnerschaften/Lebensgemeinschaften" im Auftrag des Bundesministeriums für Justiz. Sein Verwischen der Grenzen zwischen Homosexualität und Pädophilie schien auch dort niemanden zu stören.

In einem muss man Sandra Boser von den Grünen also absolut recht geben: Das Thema ist ekelhaft.

Und damit kommen wir am Ende noch mal zum „Netzwerk SchLau", das mit seinen Schulprogrammen nicht nur in NRW, sondern auch in Niedersachsen die Kinder ganz schlau in Sachen sexuelle Vielfalt macht. Niedersachsen, das Land, das gerade ebenfalls einen neuen Bildungsplan unter besonderer Berücksichtigung von sexueller Vielfalt erarbeitet, nach dem Vorbild von Baden-Württemberg.

Mitarbeiter der SchLau-Netzwerke haben eines gemeinsam: Sie werden in der „Waldschlösschen-Akademie" ausgebildet, so berichtet die FAZ[46]. Eine sexuell sehr vielfältige Akademie, wie man dem Programm entnehmen kann. Erst im Dezember 2014 ist sie mit dem Modellprojekt „Akzeptanz für Vielfalt – gegen Homo-, Trans*- und Interfeindlichkeit" vom Familienministerium mit 450 000 Euro zur Förderung bedacht worden. Zum Jahreswechsel konnten dort Schwule von 18 bis 88 beim „Flughafen Waldschlösschen – Airport der Lüste" entspannen, und dort wird ebenso die Ausbildung zum fortschrittlichen Sexualaufklärer an Schulen angeboten.

Und was für ein Zufall, wen treffen wir im Waldschlösschen wieder? Lautmann und Tuider. Offenbar ein weit herumgekommenes Duo. Lautmann sitzt gar im Stiftungsbeirat, zusammen unter anderem mit Jürgen Trittin und Rita Süßmuth. Auch hier scheint sich niemand an seinen sonstigen Ansichten zum Beispiel zur Pädophilie zu stören. Die Ausbildung in den Workshops „queer_school" rühmt sich wiederum damit, auf Grundlage des Buches von Frau Prof. Tuider stattzufinden. Ja, genau, dieses schlaue Buch, aus dem man lernen kann, wo der „Penis sonst noch stecken" könnte.

Niedersachsens Schüler haben also auch allen Grund zur Freude, wenn es mit der sexuellen Vielfalt an den Schulen demnächst so richtig losgeht.

7. Gender-Mekka Berlin

Berlin, Deutschlands Hauptstadt – hier wird die Zukunft unseres Landes gestaltet, und die Zukunft ist gendergerecht. So kommt zusammen, was zusammengehört. Wir wissen dank des Ex-Oberbürgermeisters Wowereit, dass diese Stadt sexy ist und da es bei Gender immer auch um Sex geht, ist es nur konsequent, dass sich Berlin zum Gender-Mekka Deutschlands entwickelt hat.

In keiner anderen Stadt macht man sich über Gender-Gerechtigkeit mehr Gedanken. Aus keiner anderen Stadt kommen so viele Gender-Impulse, die dann in anderen Städten aufgenommen und schlimmstenfalls kopiert werden. Wie etwa die berühmten Bildungspläne zur sexuellen Vielfalt im Unterricht. Auch hier war Berlin das erste Bundesland, das sich dieser Aufgabe verschrieben hat. Möglicherweise hängt es abseits von der viel besungenen „Berliner Luft" auch damit zusammen, dass in Berlin das erste Gender-Kompetenzzentrum der Republik stand. Lange bevor das gemeine Volk das ganze Gender-Gedöns überhaupt zur Kenntnis genommen hatte, gab man in Berlin bereits die ersten Millionen dafür aus. Mit freundlicher Unterstützung des Familienministeriums hatte man schon 2003 angefangen, Deutschland mit Gender-Kompetenz auszustatten, den Weg für die sexuelle Vielfalt zu bereiten und „Akzeptanz zu sichern". [47] Ja, hier hatte man früh erkannt, dass „Toleranz" allein nicht ausreicht.

Im Jahr 2010 war dann Schluss mit dem Geldsegen. Die damalige Familienministerin Schröder kappte die Millionen, und allein deswegen darf man ihre Amtszeit als Erfolg ansehen. Sollte der besorgte Leser sich nun fragen, ob all die genderkompetenten Mitarbeiterinnen anschließend auf der Straße standen, kann zumindest für die Gründerin, Frau Prof. Dr. Susanne Baer, bis heute Inhaberin eines Lehrstuhls für Öffentliches Recht und Geschlechterstudien an der Juristischen Fakultät und am Zentrum für transdisziplinäre Geschlechterstudien an der Humboldt Universität zu Berlin, Entwarnung gegeben werden. Sie ist auf Vorschlag der Grüninnen, genauer gesagt durch Renate Künast, zusätzlich sanft auf einem Richterinnen-Stuhl im Bundesverfassungsgericht gelandet. Damit ist nun sichergestellt, dass auch in Karlsruhe genug Gender-Kompetenz vorhanden ist. Es kann ja schließlich nicht angehen, dass das oberste Gericht in Deutschland ganz ohne Gender-Perspektive arbeitet. Und so freute sich Renate Rampf in ihrer Laudatio zur Verleihung des Augspurg-Heymann-Preises an Frau Baer: „Ihre Ernennung ist für Lesben ein richtiger Schub. Bei Enterprise würden wir sagen, die Umstellung auf Warp-Antrieb."[48]

Gendern in Warp-Geschwindigkeit

Der Gender-Warp-Antrieb in Berlin sorgt bis heute dafür, dass der einstige Geist des Gender-Zentrums an der Humboldt-Universität nicht ruht, und er hat uns unter anderem mit dem Sprach-Leitfaden beglückt, der bereits erwähnt wurde. Mit von der Partie beim „AK Sprachhandeln" war Lann Hornscheidt. Es wird nun schwierig weiterzuschreiben, da es mit grammatikalisch korrektem Deutsch nicht möglich ist, Lann Hornscheidt zu beschreiben oder gar zu kontaktieren, da er/sie/wie auch immer gern mit „Sehr geehrtx Profx. Lann Hornscheidt" angeredet oder angeschrieben werden möchte[49] und darum bittet, Formulierungen wie „Herr …“, „Frau …“, „Lieber …“, oder „Liebe …“ in Anschreiben zu vermeiden. Profx Lann Hornscheidt hieß früher wohl mal Antje Hornscheidt, das muss aber noch in der Prä-Gender-Zeit gewesen sein.

Wie alle anderen Kompetenzgrößen im Gender-Bereich, deren Arbeit in der vergangenen Zeit öffentlich unter die Lupe genommen wurde, fühlte sich auch Profx Hornscheidt in Zeitungsartikeln und Internet-Kommentaren geschmäht, weil man ihre/seine Arbeit zur Kenntnis genommen hat und sich nun manche Bundesbürger fragen, in welche Forschungsfelder genau ihre Steuergelder angelegt werden. Ein gewisser Undank über die ihr/ihm/x zugekommene Aufmerksamkeit kann also verzeichnet werden. Und das ist doch schade, verdanken wir Profx Hornscheidt nicht nur den Sprach-Leitfaden, mit dem wir den transsexuellen Bäckerx jetzt korrekt grüßen können, sondern auch Lyrik. Oder muss man fast Lyrix sagen? Lann Hornscheidt dichtet in ihrer/seiner Freizeit nämlich auch Bühnenstücke, wie etwa den „Umkleideblues[50]. Es würde Psychologen die Arbeit enorm erleichtern, wenn jeder Patient vor der ersten Gruppenstunde so etwas niederschreiben würde.

Der „Umkleideblues“ findet in der Frauen-Umkleidekabine eines beliebigen Schwimmbades statt. Jemand, der/die/das offenbar optisch nicht eindeutig als Frau erkennbar ist, betritt den Raum und wird zurechtgewiesen:

„Entschuldigung – aber das ist die Frauenumkleide!“
„Ja, und?“
„Entschuldigung – aber das ist die Frauenumkleide!“
„Ja – im 21. Jahrhundert und nicht im Frauenbild aus dem 19. Jahrhundert. Deutsche weiße Oberschicht.“

„Entschuldigung – aber das ist die Frauenumkleide!"

„Ja – genau! Keine Hetenumkleide. Glauben Sie – ich finde es auch eine Zumutung, mich mit zweigenderungsbetonierenden Heten umziehen zu müssen!"

„Entschuldigung – aber das ist die Frauenumkleide!"

„Ich bin sicher, Sie sind eine Hete: Leben mit einem oder mehreren Typen, sind auf Typen orientiert in dem, wo Sie Ihre Energie für verwenden, wofür Sie sich interessieren. Was Sie als Maß und Norm nehmen. Wem Sie gefallen wollen. Wem Sie Gehör schenken wollen. Hete. Lassen Cis-Typen ganz nah an sich ran bis zum eigenen Entmerken, Entwahrnehmen von Bedürfnissen, Gefühlen, Grenzüberschreitungen. Leben mit konstanter, normalisierter, entmerkter Cis-Typengewalt. Was genau ist Ihr Problem mit mir, mit mir hier?"

„Sie sind falsch hier – das ist die Frauenumkleide!"

„Was macht es Ihnen so wichtig, einen Frauenraum zu haben? Ist es Ihr runtergeschlucktes, nicht artikulierbares Wissen darum, dass Cis-Typen gewalttätig sind, genderistisch, voyeuristisch und doch dann immer wieder die Macht haben? Ist diese Umkleide hier Ihr Refugium, in dem Sie das wagen, kurz zwischen Eintritt bezahlen und Schwimmen gehen, sich erlauben als safe place, als explizite Grenze, die Sie ansonsten in Ihrem Hetenleben, typenfokussierten heteroiden Leben nicht ziehen?"

Ich erspare Ihnen den Rest dieser offenbar verbal ausgekotzten rhetorischen Dialoge, wo im Folgenden noch die Rede sein wird von „frauisierter, heterisierter, diskriminierender Normalität" der angebrüllten Dame in der Umkleidekabine und deren „romantisierter, als Liebe stilisierter, entpolitisierter Heirat mit einem statisierten Cis-Typen". Was selbstverständlich als Vorwurf gemeint ist. Lernen wir in diesem Einakter doch auch, dass die Ehe, wenn überhaupt, ein politisches Konzept sei und jede Heirat, die nicht aus politischen Gründen stattfinde, ein Missbrauch dieser politischen Handlungsmöglichkeit sei. Damit dürfte auch geklärt sein, warum alle Nichtheterosexuellen plötzlich heiraten wollen, obwohl eine Ehe doch aus deren Perspektive ein Bündnis entmerkter Cis-Frauen mit einem sie unterdrückenden, gewalttätigen Cis-Typen ist, den sie ganz unpolitisch anhimmeln. Es ist ein politischer Akt. Das Private ist politisch, das kennen wir doch auch schon.

Ich als zweigenderungsbetonierte Hete finde dieses Bühnenstück recht erhellend und werde es gleich mit dem gewalttätigen Cis-Typen diskutieren, den ich nur seines Status' wegen und ganz ohne politische Hintergedanken vor einer ganzen Weile geehelicht habe.

Sicher ist jetzt auch: Ich werde im Schwimmbad nur noch Einzelkabinen zum Umziehen nutzen, um niemandem mit meiner offensichtlichen Cis-Weiblichkeit auf die Füße zu treten. Für diejenigen, die nicht wissen, was Heten sind, empfiehlt sich Wikipedia, denn die Heten stehen nicht als Geschlecht auf der Facebook-Liste, dort sind ja nur fortschrittliche Geschlechter verzeichnet. Als Heten bezeichnet man hingegen leicht abfällig heterosexuelle Menschen. Es gibt sie auch in der Variante der „Heteras", offenbar die weiblichen Heten. Diesen Begriff verdanken wir der feministischen „Emma"-Redaktion. Laut der Alice-Schwarzer-Biografie von Basha Mika quittierten einst die Redakteurinnen den Feierabend der verheirateten Kolleginnen bisweilen mit den Worten: „Die Heteras müssen zurück zu ihren Schwänzen." Da soll mal noch einer sagen, Sexismus sei eine männliche Domäne! Vielleicht war es aber auch nur die weibliche Variante von Penis-Neid.

Gendergerechtes Baden

Dass Umkleidekabinen also ein Gender-Minenfeld sind, sollte somit klar sein. Deswegen ist es nur konsequent, dass man in Berlin inzwischen extra Badezeiten für Transsexuelle diskutiert[51]. Die SPD und die Grünen im Berliner Bezirk Tempelhof forderten im Herbst 2014, im Stadtbad Schöneberg sollten jeden Monat zwei Stunden nur für inter- und transsexuelle Menschen reserviert werden. Nur durch geschützte Räume könnten „misstrauische Blicke und abfällige Bemerkungen" gegen diese Menschen vermieden werden.

Transsexuelle Menschen haben laut Definition biologisch ein anderes Geschlecht als nach ihrem eigenen Empfinden. Intersexuelle Menschen können genetisch oder anatomisch nicht eindeutig einem Geschlecht zugeordnet werden. Die Frage, die sich aufdrängt, ist: Wieso nur Extrabadezeiten für Transsexuelle und Intersexuelle? Sind nicht auch dicke Menschen immer wieder blöden Bemerkungen ausgesetzt? Was ist mit Frauen mit großen Brüsten? Werden die nicht im Schwimmbad ständig angeglotzt? Und erst die mit kleinen Brüsten! Was ist mit Männern mit starker Körperbehaarung? Bekommen die jetzt auch eine eigene Badezeit? Haben wir nicht in manchen Städten bereits Extrabadezeiten für muslimische Frauen, um sie vor den Blicken der Männer zu schützen? Religionszugehörigkeit als Badefaktor ist nicht zu unterschätzen.

Ein befreundeter Priester wies mich auf das nicht unerhebliche Problem hin, dass er mit ein, zwei unbedachten Handbewegungen während des Schwimmvorgangs das Wasser aus Versehen segnen könnte, und ehe man es sich versieht, wären alle Badenden spontan in Weihwasser getauft. Also brauchen wir dringend auch Extrabadezeiten für Geistliche. Und wenn schon Extrabadezeiten, dann bitte für alle: zu Schöne, zu Hässliche, zu Dicke, zu Dünne, zu Religiöse und für jedes Facebook-Geschlecht noch eine Badezeit obendrauf. So wird ein Schuh draus. Allerdings gibt es dann bald keine Badezeit mehr für „zweigenderungsbetonierte Heten" mit ihren Cis-Typen und Heten-Kindern. Da die ja aber Teil der unterdrückenden Zwangsheteronormativität sind, ist das vermutlich nur gerecht. Öffentliches Baden nur noch mit Extrageschlecht!

Man sieht bereits: Weder die angespannte Haushaltslage noch die unendliche Geschichte namens „Großflughafen" sind die drängendsten Probleme der Hauptstadt. Und so hat Berlin zwar auch in absehbarer Zeit vermutlich keinen funktionierenden neuen Flughafen, jetzt aber drei Türen angesichts eines dringenden Bedürfnisses. Berlin ist nämlich nicht nur „arm, aber sexy", sondern auch die Hauptstadt der Unisextoiletten, die bereits in verschiedenen Stadtteilen beschlossen und errichtet werden. Es ist ja auch eine Zumutung, wenn man sich angesichts eines dringenden Bedürfnisses immer wieder neu entscheiden muss, ob man ein Mann oder eine Frau ist. Was ist mit denen, die ihr Geschlecht nicht bestimmen können oder gar wollen? Jetzt ist das Problem gelöst, und es gibt eine dritte Tür, durch die alle hindurchschreiten können, die sich nicht zwangsheteronormieren lassen wollen.

Zu Recht wurde in der Debatte um die Unisextoiletten angemerkt, dass die Wickeltische für Babys immer nur in Frauentoiletten angebracht seien und so die Väter von den Freuden des Wickelns ausgegrenzt blieben. Wenn die Wickeltische jetzt aber in die Unisex-Toilette kommen, gerate ich als Frau wiederum in Konflikte. Mit meiner heterosexuellen Cis-Weiblichkeit gehöre ich schließlich klar in die Frauentoilette; wenn ich aber zum Wickeln in die Unisextoilette gehe, könnte das bei Beobachtern als angebliches Outing falsch interpretiert werden.

Und überhaupt, woher nehmen, all diese neuen Toiletten? Müssen dafür nun eventuell die Behindertentoiletten weichen? Oder werden sie gar umbenannt? Unisex und/oder behindert? Andererseits gar keine schlechte Idee, und am besten sollten wir die Kinder gleich mit einschließen. Sie kommen an kein Waschbecken ran und auf keine Kloschüssel rauf und werden damit auf den öffentlichen Frauen- und Männertoiletten ständig ausgegrenzt. Außerdem wäre dann auch das Problem gelöst, durch welche Tür Mutti laufen soll mit einem vierjährigen Sohn, der darauf besteht, die Pissoirs im Stehen zu benutzen, so wie Papa.

Eigentlich müsste man eine Randgruppen-Toilette schaffen, wenn das bloß nicht gleich so diskriminierend klingen würde. Wäre aber konsequent. Schließlich bin ich als Mutter mit Buggy oft genauso ein Störfaktor wie ein Mensch im Rollstuhl. Also dann: Wie wäre es mit einer „Unisex-Behinderten-Kinder-und-Gedöns"-Toilette? Stille Örtchen werden das dann aber nicht mehr sein.

Auch Familienministerin Manuela Schwesig schwang sich im September 2014 mit auf den Unisex-Toilettenwagen. In einer Antwort ihres Ministeriums[52] auf eine Kleine Anfrage im Bundestag zur sozialen Lage von Transsexuellen, Intersexuellen und Transgender empfahl ihr Haus, Unisextoiletten an Schulen einzuführen: „Schülerinnen und Schülern sollte gestattet werden, die Toilette zu nutzen, die ihrer Geschlechtsidentität entspricht. Grundsätzlich empfiehlt sich das (zusätzliche) Einrichten von Unisex- oder All-Gender-Toiletten, die allen Schülerinnen und Schülern zugänglich sind."

Na, das könnte noch ein richtiger Spaß werden an deutschen Schulen, wenn nicht nur die Mädchen traditionell gemeinsam aufs Klo gehen, sondern jetzt auch die Jungs dazustoßen. Auch hier bleibt die Sache aber inkonsequent: Klotür hin oder her, was ist mit den Umkleidekabinen? Eine All-Gender-Umkleidekabine in der Turnhalle würde auf jeden Fall dafür sorgen, dass sich die verschiedenen Geschlechter ganz tolerant näherkommen.

Damit an Berliner Schulen das Geschlechterwechseln für Schüler einfacher wird und damit sicherlich auch der Wechsel von der Mädchen- zur Jungs-Toilette, hat sich auch die Berliner Arbeitssenatorin Dilek Kolat von der SPD Gedanken gemacht und eine „Orientierungshilfe" für Pädagogen herausgegeben unter dem Titel: „Für mich bin ich o. k.! Transgeschlechtlichkeit als Thema bei Kindern und Jugendlichen"[53]. Darin wird auch für den letzten begriffsstutzigen Lehrer erklärt, dass „Geschlecht und Sexualität keine natürlichen Gegebenheiten" sind und unterschiedliche Genitalien keine Aussage über Geschlecht machen würden. Das könnte bei der Diskussion Mädchenumkleide oder Jungenumkleide noch mal als Argumentationshilfe für pubertierende Jungs relevant werden, die sich unbedingt in der Kabine der Mädchen umziehen wollen.

Da aber auch der gendersensibelste Lehrer aufgeschmissen ist, wenn das Elternhaus nicht mitzieht, muss überwacht werden, ob es die Geschlechtsumwandlung des eigenen Kindes auch wirklich wohlwollend begleitet. Sollten Mutti und Vati das nicht tun, müssten Jugendamt und Schule mal prüfen, „ob eine Gefährdung des Kindeswohls vorliegt".

Das Problem mit den Ampelweibchen

Geschlechtergerechtigkeit macht in Berlin aber nicht halt an öffentlichen Toilettentüren; die ganze Stadt ist ein einziger Spießrutenlauf für den aufrechten, gendersensiblen Mitbürger. An jeder Straßenecke lauern patriarchale Ungerechtigkeitsstrukturen:

die Ampelmännchen. Ja, genau, diese Sinnbilder für gewalttätige Cis-Typen, die uns Frauen jeden Tag aufs Neue demonstrieren, wer in der Stadt das Sagen hat: nämlich die Männer.

Dass das dauerhaft so nicht hingenommen werden kann, ist klar, deswegen soll jetzt umgerüstet werden, und zwar in Form von Ampelweibchen. Die Idee in Berlin stammt von Martina Matischok-Yesilcimen, sie ist Fraktionsvorsitzende der SPD im Bezirksparlament Berlin-Mitte und möchte die Gleichberechtigung in Form von Ampelfrauen voranbringen. Ganz neu ist die Idee nicht; in Zwickau führte man schon 2004 weibliche Verkehrslichter ein, Dresden und Köln leuchten vereinzelt auch weiblich, Dortmund hat angekündigt nachzuziehen.

Berlin will das Ganze nun perfektionieren, denn die Ampelweibchen in den anderen Städten sind im Klischee hängengeblieben: Sie tragen Rock und Zöpfe. Da das nun wirklich alte Zöpfe sind, muss eine neue Optik her, die der modernen Frau gerecht wird. Das weiß auch Frau Matischok-Yesilcimen. Im Interview mit dem Spiegel[54] erklärte sie die durchaus knifflige Gemengelage, wenn eine moderne, selbstbewusste Frau dargestellt werden soll, die weder einen weiten Rock noch Zöpfe, aber auch keinen Minirock und High Heels tragen darf; schließlich gelten diese Dinge ja als sexistische Stereotype. Lange Haare sind auch schwierig, schließlich gibt es auch Frauen mit modernem Kurzhaarschnitt. Und dann sollen sich auch die Transgender-Leute nicht ausgeschlossen fühlen.

Alternativ einfach „Stop" und „Go" auf die Fußgängerampeln zu schreiben geht wiederum auch nicht, weil dann die Analphabeten ausgegrenzt werden, und wir wollen ja keine Verkehrstoten riskieren. Manche Länder haben eine grüne Hand und eine rote Hand als Alternative, dies wiederum grenzt die Armamputierten aus. Füße sind auch nicht möglich, denn gehende

Beine stellen einen Affront gegen Rollstuhlfahrer dar. Langsam wird es eng. Bleiben nicht mehr viele Optionen für eine nicht-diskriminierende, gendergerechte, weibliche Ampelversion, die auch weitere Geschlechter nicht ausgrenzt. Das dürfte ein Albtraum werden für jeden Grafik-Designer, der die Piktogramme entwerfen soll. Die ersten Entwürfe können wir vermutlich frühestens nach Eröffnung des neuen Großflughafens erwarten.

„Dem Ernst Kuzorra seine Frau ihr Stadion"

Einfacher ist es da mit den Straßennamen in Berlin. Das erfordert keine Piktogramme, nur Buchstaben. Auch hier bestand bislang eine nicht hinnehmbare emanzipatorische Großbaustelle, denn auch bei den Straßennamen gibt es einen eklatanten Männerüberschuss. Der Stadtteil Friedrichshain-Kreuzberg hat sich deswegen bereits 2005 eine Frauenquote von 50 Prozent bei den Straßennamen selbst auferlegt. Regelmäßig tagt hier der „Ausschuss für Frauen, Gleichstellung und Queer". Die Partei der Grüninnen hat die Mehrheit im Bezirk und sie hat beschlossen, so lange nur noch Frauennamen für Straßen zu vergeben, bis die 50 Prozent erreicht sind.

Womit man nicht gerechnet hatte, war Anfang 2014 allerdings das Jüdische Museum, das den neu gepflasterten Platz vor der Haustür gern nach Moses Mendelssohn benennen wollte, einem jüdischen Philosophen, der als Wegbereiter der Aufklärung gilt und als Migrant nach Berlin kam. Sein einziges Problem war: Er war keine Frau und damit für den Ausschuss „Frauen, Gleichstellung und Queer" als neuer Namensgeber für den Platz nicht tragbar. Beschluss sei schließlich Beschluss, ließ man verlauten.

Nun kann man das so und so sehen. Denn für Rudi Dutschke und den ermordeten Hausbesetzer Silvio Meier hatte der

Ausschuss in den vergangenen Jahren eine Ausnahme gemacht und entsprechende Straßennamen genehmigt, obwohl die Männlichkeit der beiden durch niemanden angezweifelt wird. Die standen aber politisch offenbar zu Lebzeiten einfach auf der richtigen Seite. Mendelssohn hingegen blieb weiter untragbar.

Als Alternative schlugen die grünen Prinzipienreiterinnen Rahel Varnhagen vor, eine Schriftstellerin jüdischer Abstammung, die sich ebenfalls um die Aufklärung und dazu noch um die Emanzipation der Frau verdient gemacht hatte. Fast perfekt, nur dummerweise hatte sie einst dem jüdischen Glauben abgeschworen und war zum Christentum übergetreten, was dem Jüdischen Museum nicht so recht gefallen wollte.

Der Kompromiss endete letztendlich emanzipatorisch kläglich, aber zumindest die Frauenquote war gerettet: Jetzt wird das Ehepaar Mendelssohn genannt, es heißt jetzt offiziell „Fromet und Moses Mendelssohn Platz" – und damit wurde erstmals eine Frau dafür geehrt, die Gattin eines Mannes zu sein. Irgendwie ist das zumindest für die Grüninnen ein historischer Schritt. Nachdem der Begriff „Zahnarztgattin" jahrelang feministisch als Degradierung galt, ist die Bezeichnung als „Philosophengattin" anscheinend salonfähig. Was lernen wir daraus, meine Damen? Man muss einfach nur den Richtigen heiraten. Das wussten wir aber schon vorher.

Man merkt jedenfalls, dass unter den Kreuzberger Grüninnen nicht viele Fußballfans sein können, sonst wäre ihnen die zündende Idee zur Rettung der Frauenquote inklusive Beibehaltung von Moses Mendelssohn sofort eingefallen.

Auf Schalke (für Grüninnen: Das ist der Fußball-Verein in Gelsenkirchen und Meister der Herzen) erzählt man sich folgenden Witz: Dem DFB fällt eines Tages auf, dass viele Fußballstadien nach verdienstvollen Männern benannt sind, aber kein einziges nach einer Frau. Es werden deshalb alle Vereine angeschrieben und gebeten, zu überlegen, ob man nicht ein Stadion nach einer Frau benennen könne. Im Zuge der Gleichberechtigung sei dies wohl angebracht. Kein Verein meldet sich, bis auf Schalke 04: „Wir halten dies für eine ausgezeichnete Idee und sind bereit, unser Stadion umzubenennen in ‚Dem Ernst Kuzorra seine Frau ihr Stadion'.“ Geht doch! Das wäre doch auch bei Dutschke schon möglich gewesen: „Dem Rudi Dutschke seine Mutter ihre Straße.“

Das wäre sicher auch die Lösung für alle anderen Städte, die sich bemühen, Frauen auf Straßenschildern sichtbar zu machen. Düsseldorf hatte einst mal kurz über eine Frauenquote bei Straßenschildern diskutiert. Dann hat man aber ausgerechnet, dass es bei nur 8 bis 9 neuen Namen, die jährlich zu vergeben wären, fast 90 Jahre dauern würde, bis eine 50-Prozent-Quote weiblicher Straßennamen erreicht wäre. Wie einfach wäre es doch, stattdessen einfach die Königsallee in „Dem König seine Königin-Allee“ umzutaufen! Vielleicht finden sich bei manchen der aktuellen Straßennamen-Inhabern auch noch transsexuelle Schwestern, bisexuelle Mütter und intersexuelle Neffen, damit könnte ganz Deutschland im Nu auf gendergerechte Straßennamen umgerüstet werden.

Weil man aber gar nicht genug Quoten haben kann, stammt aus Berlin auch noch der Vorschlag, bei Schönheitswettbewerben eine Pummelchen-Quote einzuführen. Es ist ja auch wirklich ein ständiges Ärgernis, dass manche Frauen besser aussehen als andere! Das ist wieder so eine Ungerechtigkeit der Biologie, dass sie nicht genormte Einheitsfrauen schafft, sondern vereinzelt auch echte Granaten. Diese diskriminieren durch ihre 90–60–90-Maße natürlich die statistische Durchschnittsfrau. „Lookism“ nennt man dieses Verbrechen. Aus dem englischen

Wort „Look", Aussehen, geformt, prangert es die Ungerechtigkeit an, dass auch Schönheitsideale gesellschaftlich geprägt sind
und, logisch, die Hässlichen damit am Katzentisch sitzen.

„Bei Misswahlen werden grundsätzlich Menschen unserer
Gesellschaft ausgeschlossen", beschwerte sich deswegen die
Grünin Marianne Burkert-Eulitz, Abgeordnete in Friedrichshain-Kreuzberg, wo auch die Straßennamen-Quote entstand.
Sie wandte sich gegen die Diskriminierung bei Schönheitswettbewerben. Ob der Vorschlag inzwischen bis zu Heidi Klum und
ihren Topmodels vorgedrungen ist, konnte nicht herausgefunden werden. Es drängt sich aber der Verdacht auf, dass Charles
Bukowski vielleicht doch recht hatte mit seiner Vermutung, warum der Feminismus tatsächlich existiert.[55]

Veganes Sexspielzeug

Queeres Denken ist in Berlin aber nicht nur auf den Straßenver-
kehr beschränkt, Verkehr findet nämlich unter den Geschlechtern bisweilen auch in Schlafzimmern, Hauseingängen oder
auf Küchentischen statt. Und so findet sich in Berlin der erste „queer-feministisch-ökologisch-vegane Sexshop"[56] Deutschlands. Die Kombination von queer, ökologisch und vegan
erscheint nur auf den ersten Blick seltsam. Da in all diesen Bereichen Menschen mit besonderem Sendungsbewusstsein und
Weltrettungsambitionen, kurz Gutmenschen, angetroffen werden, ist es eine logische Konsequenz, dass man auch bei Sexspielzeug besonders auf Herkunft und Herstellung der Produkte
achtet und kein Tier zu Schaden kommen soll. Wir wollen also
grundsätzlich hoffen, dass sich kein Zoophiler in den Laden namens „Other Nature" verirrt. Und so kann man sicher sein, dass
die Sado-Maso-Peitsche im „Other Nature" politisch korrekt aus
recycelten Gummischläuchen hergestellt wurde.

Leider gäbe es noch kein Öko- oder Fairtrade-Siegel für Sexspielzeug, gaben die Ladenbesitzerinnen zu Protokoll, deswegen müssten sie bei allen Herstellern erfragen, ob auch alles aus ökologischem Anbau stammt. Der „Playstixx" zum Beispiel hat sogar ein offizielles Gütesiegel, er ist der erste Vibrator, der schon 2007 von der Zeitschrift „Ökotest" als „sehr gut" bewertet wurde. Leider hatte ich noch keine Gelegenheit, persönlich zu überprüfen, ob im „Other Nature" auch der „Picobong Transformer", das weltweit erste genderneutrale Sexspielzeug, erhältlich ist. Laut Auskunft des Herstellers ist es nämlich nicht nur ein Sexspielzeug, sondern eine „sexuelle Revolution, der vibrierende Untergrund. Er ist die Revolution".[57] Deswegen hat es sogar ein eigenes Manifest: Es schlägt „jahrhundertealte heteronormative Standards von Geschlecht und Sexualität zurück, die diktieren, was wir mit unseren Körpern tun oder nicht tun sollten und mit wem wir es tun oder nicht tun sollten". Dieses Sexspielzeug sei „so frei, dass seine reine Existenz ein Akt der Rebellion darstellt, ein Ruf zu den Waffen". Kein Zweifel, wir stehen vor dem Beginn der nächsten sexuellen Revolution!

Neben allerlei Spielzeug bietet der Laden aber auch persönliche Beratung und Workshops an etwa zum Thema lesbischer Safer Sex, Basiswissen für Fesselbegeisterte und auch Selbstbehandlung mit Naturheilkunde während der Wechseljahre[58]. Auch hier kommt wieder zusammen, was zusammengehört.

Schöner Sterben in Berlin

Doch selbst wenn das Leben in Berlin endlich flächendeckend gendersensibel umgestaltet worden ist, reicht die Gender-Perspektive noch nicht bis ins Jenseits. Auch das gendersensible Sterben will geübt sein, und auch hierfür hat Berlin endlich eine Lösung: den Lesbenfriedhof.

„Liebe Gästinnen und Gäste, es wird möglich sein, auch nach dem Tod unter Schwestern zu sein" – mit diesen Worten wurde im April 2014 der erste Friedhof nur für Lesben am Prenzlauer Berg in Berlin eröffnet. Vereint unter Lesben bis in den Tod, ohne störende Heten oder gar diese Männer, das ist jetzt möglich auf dem Georgen-Parochial-Friedhof, auf dem ab sofort 80 Grabstellen exklusiv nur für verstorbene Lesben bereitstehen. Sechs Voranmeldungen waren zur Eröffnung bereits eingegangen. Frau hat schon mal reserviert. Gut, wenn man auf den Tod vorbereitet ist.

Und zunächst kommt einem der Gedanke: Ja, warum nicht, schließlich werden Ehepaare auch nebeneinander begraben, wenn sie es wollen. Oder Familien in Familiengräbern. Irgendwie ist es ja zutiefst menschlich, dass man neben seinen Liebsten in ewiger Ruhe liegen möchte. Stellt sich nur die Frage, warum sich hier Lesben explizit von Nichtlesben abgrenzen. Auch wenn es angeblich nicht so gemeint ist, wie die Initiatorin in die bereitstehende TV-Kamera betonte.

Niemand hat Lesben jemals ausgeschlossen von dem Friedhof für Jederfrau. Keiner fragt auf dem Totenschein nach der sexuellen Orientierung. Ist nicht gerade die Unvermeidlichkeit des eigenen Todes die größte Verbindung, die wir Menschen haben, abseits von Hautfarbe, Religion und Geschlecht? Im Tod sind wir alle vereint. Asche zu Asche, Staub zu Staub, jetzt aber auch Lesben zu Lesben.

Man wolle nur nach dem Tod mit denen bestattet werden, die man kannte und die man geliebt habe, erklärte eine der Damen der Presse. Ach, geht das auf einem normalen Friedhof nicht? Liegen dort keine geliebten und bekannten Menschen? Es drängt sich die Frage auf: Haben Lesben nur lesbische Mitmenschen, die sie kennen und lieben? Keine Mutter, keinen

Vater, keinen Bruder, keine Hetero-Schwester und auch keine nicht-lesbischen Freunde? Das sollte mich doch sehr wundern. Was ist mit den möglichen heterosexuellen Kindern von Lesben, dürfen die mit ins Familiengrab auf dem Prenzlauer Berg, oder muss man ein dokumentiert lesbisches Leben vorweisen, um dort einen Platz zu bekommen? Was ist mit Bisexuellen und schwulen Männern? Irgendwie sind sie ja doch Mitstreiter in der queeren Welt und Leidensgenossen der Ausgrenzung. Kein Platz für sie? Es wird komplizierter, je länger man darüber nachdenkt.

Da kämpft man also für gleiche Rechte und Normalität, um sich dann bis in den Tod selbst zu separieren aufgrund seiner sexuellen Orientierung? Sieht nach einem verdammt großen Schritt in die falsche Richtung aus.

Interessant ist auch die Frage, wie man einerseits dafür kämpfen kann, dass niemand aufgrund seiner sexuellen Orientierung diskriminiert werden darf – eine Forderung, der die Bewegung sogar Verfassungsrang geben möchte –, gleichzeitig aber auf diesem Friedhof Menschen mit einer anderen sexuellen Orientierung als der lesbischen ausgrenzt. Das könnte noch spannend werden, sobald sich der erste Hetero-Mann gerichtlich einen Platz auf der Reservierungsliste einklagt.

„Trägerinnenschaft" für den Friedhof hat übrigens die Sappho-Frauenwohnstiftung übernommen, die sich selbst nach einer griechischen Dichterin von der Insel Lesbos benannt hat. Kann man dort seine Asche im Meer verstreuen lassen? Vielleicht ist das noch eine Export-Idee, wenn die 80 Plätze einmal voll sind. Es gibt ja auch Schalker Fans, die sich in Gelsenkirchen mit „Blick" auf „Dem Ernst Kuzorra seine Frau ihr Stadion" bestatten lassen. Ich weiß nur nicht, ob Dortmund-Fans dort inkognito auch ihre letzte Ruhestätte bekommen.

Werden wir demnächst vielleicht auch separate Männer-, Frauen-, Schwulen- und Vegetarierfriedhöfe haben? Oder vielleicht einen queer-veganen Friedhof? Schließlich gibt es ja auch muslimische Friedhöfe und jüdische. Gut, das sind Religionsgemeinschaften, der Vergleich hinkt ein bisschen, allerdings nur auf den ersten Blick. Denn der Eifer, mit dem hier Lesben eine Grenze zu männlichen und heterosexuellen Menschen zichen, hat ja auch irgendwie religiöse Züge.

Auf dem Lesbenfriedhof in Berlin waren an jenem Eröffnungssonntag viele Medien zugegen. Und mit einem Hauch von Untergrund-Feeling aus den guten alten Kampfzeiten kam der mahnende Hinweis an die Presseleute, man möge doch bitte keine Einzelpersonen fotografieren, man wisse ja nicht, ob sie sicher seien. Eines scheint jedenfalls eindeutig: in der Ausgrenzung ist der Medienrummel deutlich größer als in der gelebten Normalität.

Man kann es positiv betrachten und eigentlich wäre es doch ein Grund zum Freuen, liebe lesbischen Schwestern: Offenbar ist Homosexualität bereits derart in der Mitte der Gesellschaft angekommen, dass man die gesellschaftliche Ausgrenzung extra organisieren muss, um den eigenen Opfer-Status noch einmal in Erinnerung zu rufen.

8. Österreichs Töchter

Ein kleines Volk in Europa ist gerade dabei, Berlin in Sachen Gender-Eifer den Rang abzulaufen: die Österreicher.

Im vergangenen Jahr führte mich mein Weg immer wieder zu Vorträgen in das Land der Mozartkugeln und Sachertorten. Gender- und familienpolitisch ist der Blick der Österreicher stets auf Deutschland gerichtet. Während wohl nur eine Handvoll Deutscher auch nur einen österreichischen Politiker namentlich nennen könnte, ist man jenseits der Grenze bestens über die deutsche Politik informiert. Wir sind offenbar Vorbild für die Nachbarn, auch wenn das vermutlich niemand in Österreich so aussprechen würde. Und so wird auch in Österreich – allen voran in Wien – gegendert, was das Zeug hält. Was teilweise inzwischen dazu führt, dass wir wiederum die Wiener kopieren. Die gendergerechten Spielplätze, die in München und Berlin als Handlungsspielplätze für unterforderte Gleichstellungspolitikerinnen herhalten müssen? Eine Erfindung der Wiener, oder sollten wir besser sagen: der Wienerinnen?

In Wien wird inzwischen alles konsequent gegendert, was nicht bei drei auf den Bäumen ist, vor allem in der öffentlichen Verwaltung. Jedes Bauvorhaben muss vorher die Gender-Perspektive durchlaufen. „Baulich gendern" heißt das dann. Schaut man jedoch genauer hin, dann hat das Wenigste tatsächlich etwas mit Gender zu tun. Es wird nur so genannt. Wenn der Wiener zum Beispiel eine neue Straße plant, dann muss die Gender-Perspektive ran, um die sogenannte „Aufenthaltsqualität" zu sichern. Die ist angeblich dann gewährleistet, wenn zum Beispiel „ausreichend große Bereiche für den FußgängerInnen-Verkehr" entstehen. Oder durch „attraktiv gestaltete Bodenbeläge insbesondere in den FußgängerInnen-Zonen", aber auch durch „Trinkbrunnen", mehr Sitzmöglichkeiten und „weniger Angsträume durch bessere Beleuchtung"[59].

Weniger Angst, das hört sich ja toll und menschenfreundlich an, aber was genau hat es jetzt mit Gender zu tun, dem sozialen Geschlecht? Trinken Transsexuelle und Heterosexuelle etwa aus unterschiedlichen Trinkbrunnen? Braucht der Schwule andere Sitzbänke als der Hetero-Mann? Na gut, als Frau würde ich die attraktiven Bodenbeläge in der Fußgängerzone noch irgendwie durchgehen lassen. Jede Frau, die einmal mit High Heels über Pflastersteine gestolpert ist, weiß, was ich meine. Insofern wirklich einen herzlichen Dank an die Stadt Wien, wenn die Bodenbeläge demnächst vielleicht Frauenschuh-kompatibel werden. Aber der Rest?

Alter ist jetzt auch ein Geschlecht

Auch bei der Wiener Verkehrssicherheit hat man alles in der Gender-Tüte zusammengeworfen. So heißt es unter der Überschrift „Umsetzungsbeispiel von Gender Mainstreaming", bei Neuplanungen von Straßen, Wegen und Plätzen werde „auf die Bedürfnisse von Frauen, Männern, älteren Menschen, Jugendlichen sowie mobilitätseingeschränkten Personen Rücksicht genommen". Ich wusste gar nicht, dass alt zu sein jetzt auch ein Geschlecht ist und jung zu sein ebenfalls. Wieso sind abgesenkte Bürgersteige und breitere Bushaltestellen eine gendergerechte Maßnahme? Der intersektionale Gender-Begriff schlägt hier voll zu und die Existenzberechtigung von Gender ist gesichert, wenn alles, was irgendwie eine Minderheit darstellt, schnell noch mit in den Sack gepackt wird.

Damit aber auch kein Bereich durch die Lappen geht, hat Wien einen eigenen „GenderAktionsPlan"[60] entworfen, in dem alle Errungenschaften und weiterer Arbeitsaufgaben aufgelistet sind, samt Maßnahmen, deren Ergreifung empfohlen wird. So will man beispielsweise auch hier gegen die bösen „Rollenstereotypen" vorgehen. Der Schlüssel dafür liegt laut Plan in der Stärkung von Frauen und Mädchen und „einer intensiveren pädagogischen Arbeit mit jungen Burschen und der Entwicklung von Konzepten für neue Männerbilder". Neue Männerbilder, ja, logisch. Frauen müssen bestärkt, Männer verändert werden. Das alte Konzept „Frauen sind toll und Männer das Übel" frisch reanimiert.

Auch Wirtschaft, Soziales, Budgets, Sicherheit und Bildung werden auf ihre Gender-Kompatibilität überprüft. Von so einem allumfassenden Plan kann Berlin nur träumen. Es ist noch Platz nach oben in der Berliner Luft.

Selbstredend preist Wien auch den ersten gendersensiblen Kindergarten der Stadt an. Im 15. Bezirk wird in der Tagesstätte „fun&care" nur noch nicht-stereotyp gespielt.[61] Damit aber auch andere Kindergärten endlich gendersensibel erziehen, gibt es die „Education Box" mit Praxishilfen für eine geschlechtssensible Pädagogik, herausgegeben von der Frauenabteilung der Stadt Wien.

Die weiblichen Straßennamen wiederum wollen die Wiener Grüninnen nach dem Vorbild der Berliner kopieren. Es herrscht also anscheinend ein nahezu symbiotischer Austausch von Gender-Ideen zwischen Wien und Berlin.

Andreas Gabalier for president

Mit einem Akt bürgerlichen Widerstandes gegen den vermeintlich gendergerechten Fortschritt brachte im Sommer 2014 der Sänger Andreas Gabalier allerdings ein bisschen Unruhe in die beschauliche Alpenrepublik. Sein Verbrechen: Er hat die österreichische Nationalhymne in der Originalversion gesungen, ohne die „Töchter Österreichs" zu erwähnen.

Feministische Österreicherinnen hatten nämlich mit Parlamentsbeschluss zu Beginn des Jahres 2012 ihre Nationalhymne gendersensibel umdichten lassen. In der Originalfassung war nur die Heimat „großer Söhne" besungen worden, all die großen und kleinen Töchter Österreichs fielen bei jedem Staatsakt unter den Tisch. Das konnte aus feministischer Perspektive nicht weiter hingenommen werden, und so wird seit 2012 die Zeile mit der Heimat „großer Töchter und Söhne" gesungen. Zumindest auf dem Papier. Das passt zwar nicht in den Takt der Musik, aber, das haben wir ja nun hinlänglich gelernt: Für Geschlechtergerechtigkeit müssen wir alle ein paar Abstriche machen.

Andreas Gabalier entpuppte sich nun als echter Widerstandskämpfer. Beim Formel-1-Rennen in Spielberg sang er die Originalversion der Hymne ganz ohne Töchter. Der Aufschrei war groß, die Vorsitzende der oberösterreichischen SPÖ-Frauen Sonja Ablinger attestierte gar angesichts eines uneinsichtigen Sängers, der sich darauf berief, er singe die Hymne so, wie er sie in der Schule gelernt habe: „Der Antifeminismus nimmt zu"[62].

Da sieht man mal, wie wichtig gendersensible Bildung gleich ab der Grundschule ist! Hätte Österreich das schon vor 30 Jahren begonnen, dann wäre die Töchter-Hymnen-Schmach von Spielberg dem Volk erspart geblieben. Es ist also sicher kein Zufall, dass sich die österreichische Bildungsministerin gleich in den Gabalier-Skandal einmischte, was ihr aber nur einen ordentlichen

Internet-Shitstorm einbrachte, denn der Österreicher an sich hat offenbar durchaus noch eine große Sympathie für die alte Hymne. Die Bildungsministerin sitzt aber am längeren Hebel, und so verdanken wir ihr nur wenige Monate später den Hinweis, Sexualkunde an Schulen könne nicht früh genug beginnen[63], und sie wolle den Unterricht jetzt neu und modern gestalten. Damit sollte dann zumindest für kommende österreichische Schülerinnengenerationen gesichert sein, dass die sexuelle Vielfalt in der Nationalhymne nicht mehr hinterfragt wird.

Wenn sich das in Deutschland erst mal rumspricht, bleibt nicht auszuschließen, dass auch das „Vaterland" in der deutschen Nationalhymne demnächst das Feld räumen muss, und beim „brüderlich mit Herz und Hand" verleugnen wir schließlich auch bei uns die Schwestern. Ist es denn nicht auch das Land unserer Mütter, und können Frauen nicht auch schwesterlich teilen? Höchste Zeit also, dass wir das Land unserer Väter endlich gendersensibel in „Muttererde" umtopfen.

Damenbart ist wieder tragbar

Spätestens seit dem Grand-Prix-Sieg von Conchita Wurst sollte aber doch jedem klar sein: Österreich ist trotz einiger Widerstandsnester ganz up to date in Sachen Gender-Gerechtigkeit. Wenige Tage nach der Wahl von Fräulein Wurst erreichte mich ein Anruf der Redaktion von Michel Friedmann. Man wollte mich gern in seine Sendung einladen, um gemeinsam mit dem Michel und einer Berliner (sic!) Travestiekünstlerin über das Thema Toleranz zu diskutieren und darüber, was der Sieg von Conchita Wurst für die moderne Familienpolitik in Deutschland bedeute.

Ich muss zugeben, ich habe bereits im Vorgespräch thematisch den Faden verloren. Denn auch die Redaktion am Telefon konnte mir nicht erklären, was ein österreichischer Mann mit Bart in Frauenkleidern, der einen Gesangswettbewerb gewonnen hatte, mit der deutschen Familienpolitik zu tun hat.

Verstehen Sie mich nicht falsch, ich habe gar nichts gegen Conchita Wurst. Pflichtbewusst hatte ich mir nach der TV-Anfrage sogar den Siegessong einmal angehört, und ich finde ihn gar nicht schlecht. Nur mal zur Erinnerung: Bevor wir Deutschen mit der süßen Lena einen fulminanten Sieg beim Eurovision Song Contest eingefahren haben, schickten wir einst Stefan Raab mit dem sinnentleerten Lied „Wadde hadde dudde da" zu diesem internationalen Wettbewerb. Und einmal auch Guildo Horn samt Nussecken und dem musikalischen Bekenntnis „Guildo hat euch lieb". Wir können also mal wirklich die Klappe halten, wenn es um qualitativ hochwertige Musikbeiträge in europäischen Singwettbewerben geht. Und nicht nur musikalisch, sondern auch auf der Skala des gepflegten Äußeren würde Conchita den Guildo meilenweit schlagen. Angesichts so mancher hyperaktiver Teilnehmer an diesem Wettbewerb könnte man den Auftritt von Fräulein Wurst sogar fast als konservativ bezeichnen. Aber irgendwie überschlug sich die Presseberichterstattung ob der angeblich neu ausgebrochenen Toleranz und Akzeptanz für sexuelle Vielfalt auf europäischen Bühnen. Die Conchita-Wurst-Festspiele waren medial eröffnet.

Man fragt sich ja, was die ganze Aufregung sollte, denn Männer in Frauenkleidern, die auf Bühnen stehen, sind ja nun nicht wirklich eine Neuheit. Der halbe Kölner Karneval lebt davon. In Deutschland hatten wir bereits „Mary und Gordy" auf der Bühne, als in anderen europäischen Staaten die Fernseher noch in Schwarz-Weiß flimmerten. Der Grund für den Hype, der Miss Wurst inzwischen bis vor das Europäische Parlament brachte, ist die politische Dimension, die manche gern herbeireden wollen. Und wie bei jedem nationalen Outing macht sich dabei jeder verdächtig, der nicht sofort applaudiert und etwas von einem „tollen Zeichen für Toleranz und Akzeptanz" murmelt.

Man erinnere sich nur an das berühmte Outing des ehemaligen Fußball-Nationalspielers Hitzlsperger, bei dem selbst das deutsche Kanzleramt sich bemüßigt sah, ihn für diesen mutigen Schritt zu beglückwünschen. Demnächst werden wir das Coming Out des ersten schwulen Bäckers oder gar Bäckerx beklatschen und die erste bisexuelle Eisverkäuferin. Herr, lass Hirn regnen! Oder auch „Herrin", das ist ja gendertheologisch noch nicht final geklärt.

Manche Kommentatorinnen überschlugen sich in ihrer Conchita-Euphorie förmlich vor Begeisterung, wie etwa das Schreibduo Esther Hutfless und Elisabeth Schäfer, die sich im feministischen Onlineportal diestandard.at[64] zu einer wahren Ode an die „Super-Weiblichkeit" hinreißen ließen: „Die Weiblichkeit der Conchita Wurst ist eine solcherart performte Super-Weiblichkeit, die von einem Bart durchbrochen wird, der für den die Weiblichkeit performenden Tom Neuwirth wenig ‚queer' ist. Der Bart ist nach traditionell biologistischem Geschlechterverständnis natürlich männlich, er wird jedoch zum queerenden Element im Zuge einer als natürlich empfundenen Weiblichkeits-Show. Ein natürliches Element wird queer und eine queere Geschlechterperformance wird natürlich."

Nun ja, so weit wollen wir es vielleicht nicht kommen lassen mit dem neuen Idol der Super-Weiblichkeit, aber zumindest ist die Frauenwelt Conchita zu Dank verpflichtet: Damenbart ist jetzt wieder tragbar.

Ich warte ja nur noch auf den Vorschlag, Conchita Wurst bei den nächsten Festspielen in Salzburg die Rolle der Buhlschaft zu übertragen. Super-Weiblichkeit, das passt doch fantastisch in die Reihe der Vorgängerinnen wie „Superweib" Veronica Ferres, Nina Hoss, Sophie von Kessel, Brigitte Hobmeier oder einst auch Christiane Hörbiger und Senta Berger. Und selbst der Titel des Stücks von Hugo von Hofmannsthal muss dann gar nicht weichen, obwohl „Jeder*mann*" auf den ersten Blick so genderunsensibel wirkt. Denn wenn sowieso ein Mann jetzt die Frauenrolle übernimmt, wäre es sogar konsequent!

Nackte Tatsachen

Ein bisschen verstört ließ den einen oder anderen Wiener jedoch im Jahr 2014 der Life Ball zurück. Besser gesagt, die Werbeplakate zu selbigem Ereignis.

Für Nicht-Wiener sei erklärt: der Life Ball wird jedes Jahr im Wiener Rathaus gefeiert. Man will Geld und Aufmerksamkeit für das Thema HIV und AIDS sammeln, um betroffenen Menschen zu helfen. 2014 stand der Life Ball ganz im Zeichen von Conchita Wurst und das Thema Travestie war ganz weit vorne. In der ganzen Stadt waren überlebensgroße Plakate des Starfotografen David LaChapelle aufgehängt, darauf abgebildet das Transgender-Model Carmen Carrera, mit ordentlichen Brüsten und stattlichem Penis ausgestattet, und das splitterfasernackt. Unter dem Motto „Ich bin Adam – Ich bin Eva – Ich bin ich" nackt in einem „Garten der Lüste" inszeniert, hing der/die gute Carmen also in der ganzen Stadt. Life Ball-Organisator Gery Keszler erklärte bei der Präsentation, dass es nicht selbstverständlich sei, dass in einer Stadt wie Wien derartige Bilder plakatiert werden können. „Meine Freunde in New York können das nicht fassen", so Keszler. Nun, Herr Keszler, auch so mancher Wiener konnte nicht fassen, was da so an Bushaltestellen und auch gern direkt neben Grundschulen hing.

Aber wem das eine zu große Vielfalt an Geschlechtsteilen und zu viel nackte Haut waren, der wurde nach bewährtem Schema in die intolerante, homophobe Ecke verbannt. So mancher Wiener löste den Plakat-Skandal pragmatisch: mit schwarzen Edding-Stiften.

Was aber auffällt: Wenn die Modekette H&M Mädchen in Bikinis plakatiert, steht die halbe feministische Welt Kopf, weil so viel nackte Frauenhaut angeblich sexistisch ist. Bildet man aber eine komplett nackte Transsexuelle ab, dann ist es Kunst und ein Zeichen für Toleranz. Gut, dass wir das geklärt haben.

Sieg nach Punkten

Selbstverständlich macht Gender nicht vor den Türen der österreichischen Universitäten halt. 18 eigene Lehstühle besitzt Österreich bereits zu Gender-Studien, 8 davon allein in Wien. Das bleibt nicht ohne Wirkung. Die Medizinische Universität Wien beispielsweise hatte ein eigenes Konzept für Gender-Gerechtigkeit entwickelt, es gab nämlich ein Gender-Problem: Regelmäßig fielen mehr Frauen als Männer durch den Aufnahmetest. Und da nicht sein kann, was nicht sein darf, hat man einfach die Spielregeln verändert. Frauen brauchten ab sofort weniger Punkte, um den Test auch zu schaffen. Damit fielen reihenweise Männer durch die Aufnahmeprüfung, die zwar mehr Punkte hatten, aber das falsche Geschlecht. Sorry, Jungs, aber wie gesagt: Für Geschlechtergerechtigkeit müssen wir alle Abstriche machen.

Das sah sogar der Verfassungsgerichtshof[65] in Österreich so, vor den einer der ausgemusterten männlichen Studenten daraufhin zog. Regelungen und Maßnahmen, die die faktische Gleichstellung von Frauen und Männern „insbesondere durch Beseitigung tatsächlich bestehender Ungleichheiten" enthalten, sind also in Ordnung. Da ist sie wieder, die sogenannte „positive Diskriminierung" von Männern. Machen Sie sich also nichts draus, meine Herren, Ihre Diskriminierung dient einem höheren Zweck. Höchstrichterlich abgesegnet, wenn sie dazu führen soll, dass nicht nur genauso viele Frauen wie Männer loslaufen, sondern auch gleich viele ankommen sollen. Ergebnisgleichheit in richterliche Entscheidungen gegossen.

Die Medizinische Universität hat ihren Eingangstest inzwischen geändert, um der speziellen Auffassungsgabe von Frauen gerechter zu werden. Unter normalen Umständen würde eine solche Maßnahme vermutlich als blanker Sexismus bezeichnet. Schließlich können Frauen doch alles, was Männer können, wenn nicht sogar besser.

Man stelle sich nur mal vor, jemand käme auf die Idee, Frauenparkplätze breiter zu gestalten, um den besonderen Einparkfähigkeiten von Frauen entgegenzukommen. Ein Aufschrei wäre garantiert! Obwohl der Test nun also den Bedürfnissen und Fähigkeiten der Frauen angepasst wurde, schneiden immer noch regelmäßig mehr Männer mit besserer Punktzahl ab, der Abstand ist nur nicht mehr so peinlich groß. Es braucht wohl noch einige Korrekturvorgänge, bis mehr Frauen als Männer diese Eignungsprüfung bestehen, denn es kann einfach nicht sein, dass Männer dies besser können. Man muss die Fragen einfach nur gendersensibel stellen.

Hopp, hopp, hopp, da reitet sie

Gendergerechte Sprache ist an Österreichs Unis bereits an der Tagesordnung. Auch hier reicht die korrekte deutsche Sprache nicht mehr überall aus, um volle Punktzahlen zu bekommen. An der Fachhochschule BFI in Wien droht ein Abzug von bis zu 10 Prozent, wenn man Bachelor- und Masterarbeit nicht in gendersensibler Sprache verfasst. Damit nichts schiefläuft, hat man auch hier einen Sprachleitfaden für gendergerechtes Formulieren[66] entwickelt mit allerlei Schrägstrichen und Binnen-Is und dem Hinweis, dass es nicht reicht, am Anfang den Hinweis zu veröffentlichen, dass in der männlichen Form die weibliche mitgemeint sei. So einfach kommt man nicht davon.

Jede Uni macht ihre eigenen Regeln zu diesem Thema, manchmal auch jeder Professor selbst, oder auch jeder Profex. An den Pädagogischen Hochschulen gibt es sogar eine generelle Pflicht für gendergerechte Formulierungen in Bachelorarbeiten, abgesegnet durch die Prüfungsordnung. Das Beharren auf korrekter Grammatik kann auch hier also möglicherweise Punkte kosten. Fast wünscht man sich ein paar Gabaliers an die österreichischen Universitäten, die einfach mal Arbeiten in ungegendertem, dafür aber korrektem Deutsch abgeben. Das könnte doch ein herrlicher Aufschrei werden.

Leitfäden zur Gender-Gerechtigkeit sind in Österreich sowieso hoch im Kurs. Das Frauenministerium hat eine ganze Liste davon auf seiner Homepage[67]. Da gibt es die „Geschlechtergerechte Vermittlung im öffentlichen Raum und in Museen", damit die Kunst gendersensibel vermittelt wird. Den „Leitfaden zur Darstellung von Männern und Frauen im Unterricht", damit das Minenfeld Schule nicht stereotyp verharrt und Lehrer das ordentlich machen.

Das Gleiche findet man auch im Leitfaden „Geschlechtssensible Pädagogik" für den Kindergarten. Für alle Fächer gibt es Anregungen, wie bewährtes Material gendersensibel überdacht und überarbeitet werden kann. Im musikalischen Unterricht wird zum Beispiel empfohlen, „neben der Pflege überlieferten Kulturgutes" auch „neue und den aktuellen gesellschaftlichen Veränderungen entsprechende Rollenbilder anzubieten". Dazu könnten die Texte von Kinderliedern umgedichtet werden. Aus „Hoppe-hoppe-Reiter" wird dann „Hopp, hopp, hopp, da reitet sie" und beim „Backe, backe Kuchen" heißt es jetzt „die Bäckerin hat gerufen". Nur der transsexuelle Bäckerx fehlt mal wieder, aber der Leitfaden stammt ja auch aus dem Prä-Conchita-Wurst-Zeitalter.

Auf der Homepage www.virtuelleschule.at, ebenfalls vom Frauenministerium finanziert, finden sich Tipps für gendersensible Fotografie und zu „Geschlechtsaspekten bei der Erstellung von digitalen Medienprodukten mit speziellem Bezug zu moX – Mobile Experimente für den Physikunterricht". Da werden keine Kosten und Mühen gescheut, um wirklich alle Bereiche von Schule und Gesellschaft konsequent gendersensibel zu gestalten.

Viel Zeit bleibt nicht mehr, um den Wahnsinn an den Universitäten zu stoppen, denn gerade ist in Österreich ein neues Universitätsgesetz in Planung. Die bisherige Frauenquote von 40 Prozent für Unigremien soll laut Entwurf auf 50 Prozent angehoben werden. Das rief nicht nur die Quotengegner auf den Plan, sondern auch die Verfechterinnen der Quotenregelung. Sie befürchten nämlich, dass tatsächlich auch Männer von der neuen Regelung profitieren könnten. Männer, die von Gleichstellungspolitik profitieren, sind aber im System nicht vorgesehen. Wo kommen wir denn da hin, wenn Gender plötzlich Männern nützt?

Konkret ging die Angst um, dass in den Bereichen, wo Frauen jetzt schon in der Überzahl sind, eine Männerquote greifen könnte. Männerquote![68] Der absolute Untergang des feministischen Abendlandes wäre damit vorprogrammiert! Also haben Rektoren, die Österreichische HochschülerInnenschaft und das Frauenministerium gefordert, stattdessen lieber eine Quote von „mindestens" 50 Prozent Frauen einzuführen. Damit wären

Frauendomänen vor der männlichen Übernahme sicher. Merke: Wenn Frauen in der Überzahl sind, ist es gerecht und ein emanzipatorischer Akt, wenn Männer in der Überzahl sind, ist es ungerecht und ein Akt der Unterdrückung.

Doch es gibt auch Hoffnungsschimmer beim Gendergaga in Österreich. Ende 2014 unterzeichneten über 800 Menschen aus Protest gegen den Frauenförderungsplan[69] einen offenen Brief[70] an Bildungs- und Frauenministerin Gabriele Heinisch-Hosek sowie Wissenschafts- und Wirtschaftsminister Reinhold Mitterlehner. Der Frauenförderungsplan sieht neben allerlei Quoten unter anderem vor, alle Rechtsvorschriften und den internen und externen Schriftverkehr zwingend nur noch in gendersensibler Sprache zu verfassen. „Ein minimaler Prozentsatz kämpferischer Sprachfeministinnen darf nicht länger der nahezu 90-prozentigen Mehrheit der Staatsbürger ihren Willen aufzwingen", forderten die Unterzeichner und unterstützten damit den Entwurf „ÖNORM A 1080" des Normungsinstituts *Austrian Standards*, wonach „das Binnen-I durch keine Rechtschreibregel gerechtfertigt und daher zu vermeiden" sei.

Im Oktober verkündete das Institut dann seine Entscheidung, geschlechtergerechte Sprache werde auch zukünftig nicht als ÖNORM geregelt. Wegen der stark divergierenden Meinungen im österreichischen Volk sei kein Konsens möglich. Na, geht doch!

9. Ist Gott ein Nazi?

Wenige Tage vor dem Weihnachtsfest 2012 verkündete einst die damalige Familienministerin Kristina Schröder der Weltgemeinschaft die frohe Botschaft, Gott könne auch eine Frau sein. Gendersensible Sprache und Denkweise kann schließlich vor dem Himmel nicht Halt machen, und dazu ist es auch noch konsequent.

Hat doch die ganze Gender-Bewegung etwas Sakrales an sich. Hier wie dort werden ja keine Forschungsergebnisse präsentiert, sondern Wahrheiten verkündigt. Hier wie dort muss man schon dran glauben, denn beweisen lässt es sich ja nicht. Möglicherweise sollten die Gender Studies endlich den Rechtsstatus einer Kirche beantragen. Damit wären die Professorinnen Hohepriesterinnen und sicher lässt sich im Kleingedruckten auch noch ein Dogma der Unfehlbarkeit verankern, damit sollten die letzten Kritiker endlich ruhig gestellt sein. Natürlich muss es dann auch Strafen geben für die Gender-Ketzer, die immer noch die Biologie verteidigen. Strafe muss sein, ihr Ungläubigen!

Vielleicht wird genderpolitisch unkorrektes Verhalten geahndet durch die Zwangsteilnahme an einem Gender-Kompetenz-Seminar, einem Workshop für Gender-Dogmatik, einer Zwangsfortbildung beim AK Sprachhandeln an der Humboldt-Universität oder sonst etwas, das Höllenquallen simulieren kann. Mindestens droht aber die gesellschaftliche Ächtung als

Gender-Verweigerer und damit gendertheologisch das finale Aus für die Teilnahme am veganen Abendmahl oder die Bestattung auf dem Berliner Lesben-Friedhof.

Betrachtet man die christliche Welt, dann wird auch dem letzten Menschen einleuchten, welch gigantischer Handlungsbedarf herrscht angesichts verkrusteter patriarchaler Strukturen in dieser genderunsensiblen, sprich unbekehrten Weltreligion. Millionenfach wird gerade an Weihnachten das *Vater*unser gesprochen, werden damit Frauen ausgegrenzt, in Anwesenheit von Kindern! Herrgott (Vorsicht Fettnäpfchen!), wie konnte das nur passieren? Und herzlichen Dank an Frau Schröder für diesen wichtigen Einwand damals kurz vor Weihnachten.

Mutter unser

Was aber sollte man nun vor dem Weihnachtsfest auf die Schnelle tun mit der frohen Botschaft, dass Gott, der Vater, uns seinen Sohn auf Erden geschickt hat? Das sind gleich zwei Männer. Auch eine Flexi-Quote half da nicht weiter. Dazu nur eine Gottesmutter auf Erden. Immerhin – aber zumindest für die evangelischen Freunde nicht viel Trost, die mit der Heiligen Maria nicht so viel anfangen können. Die Frauenquote im Himmel ist jedenfalls desaströser als in jedem deutschen DAX-Vorstand.

Nun also wissen wir, man könne auch „das Gott" sagen, warum nicht gleich „die Göttin"? Wer ist denn hier schließlich fruchtbar und kann Kinder, alternativ Gottessöhne gebären? Muss denn der Ursprung allen Lebens nicht sogar zwangsläufig weiblicher Natur sein? Unbedacht wird also jeden Sonntag neu eine unnötig einseitige, sexistische Gottesbetrachtung beschworen, die sich womöglich im Jenseits, sollte man noch an selbiges glauben, als falsch erweisen wird. Es ist wirklich Zeit für eine adäquate und gender-sensible Ersatzreligion.

Gut, dass sich auch schon andere Frauen um das Thema bemüht haben, zumindest das Vaterunser-Problem scheint bereits hinlänglich gelöst. Auf der Seite www.frauensprache.com[71], die sich um politisch korrekte Sprache unter besonderer Berücksichtigung der Frau bemüht, weiß man schon lange, dass das „Patriarchat manipuliert, wo es kann". Man hat dort jahrtausendealte Lügen der Religion aufgedeckt und geradegezogen. Das Vaterunser heißt jetzt „Oh du atmendes Leben, Ursprung des schimmernden Klanges. Du scheinst in uns und um uns, selbst die Dunkelheit leuchtet, wenn wir uns erinnern. Vater-Mutter des Kosmos, oder Atmendes Leben in allem, Name aller Namen, unsere Identität entwirrt sich durch dich". Wer jetzt eher verwirrt als entwirrt ist, muss noch an seiner Gender-Kompetenz arbeiten und ein paar Klangschalen aktivieren. Vielleicht hilft auch Alkohol zur Überwindung der Schockstarre.

Geschlechtergerechtigkeit muss her, nicht nur auf Erden, sondern auch im Himmel. Was fällt Gott eigentlich ein, uns einen Sohn zu schicken? Hätte es eine Tochter nicht auch getan? Weit und breit kein Diversity-Programm und keine Frauenförderung im Himmel und dazu hat er noch ein Buch hinterlassen, das nur so vor Frauenfeindlichkeit strotzt. Ja, genau, die Bibel, dies historische Unterdrückungspamphlet. Wie kann es denn sein, dass diese Bibel bis heute noch im Umlauf ist? Weltweit! Insofern sollten wir vor allem der Evangelischen Kirche in Deutschland wirklich sehr dankbar sein, dass sie sich mithilfe der Gender-Theologie ans Werk gemacht hat, die christliche Welt ebenfalls endlich gerecht zu gestalten. Das Jahr 2006 kann also ohne Untertreibung als Meilenstein für die Gender-Gerechtigkeit bezeichnet werden, als endlich die „Bibel in gerechter Sprache"[72] erschien.

Moment, ist die bisherige Bibel etwa ungerecht? Muss ja so

sein, sonst gäbe es ja keinen Anlass, eine „gerechte" Bibel zu verfassen. Damit es ganz besonders gerecht zugeht, wurde die gerechte Bibel auch noch mithilfe von „Forschungsgerechtigkeit" erstellt: 42 Forscherinnen und 10 Forscher haben mitgearbeitet. Was daran gerecht sein soll, wenn viermal mehr Frauen mitmachen dürfen als Männer, ist zwar etwas erklärungsbedürftig, bestätigt aber erneut die alte These: Wo Gender draufsteht, ist erst mal Frau drin. Das muss die ausgleichende Gerechtigkeit dafür sein, dass über zwei Jahrtausende nur Männer die Bibel übersetzt haben. Jetzt wird mit gerechten Bibel-Versen zurückgeschossen. Außerdem muss man einfach davon ausgehen, dass Frauen mit angeborenem Opferstatus die Ungerechtigkeiten der Welt und der Sprache von Natur aus empfindsamer zur Kenntnis nehmen als Männer und somit qua Geburt Gender-Expertinnen sind. Zumindest alle Frauen außer den Ungläubigen.

Wobei Bibel-„Übersetzung" nicht unbedingt das richtige Wort ist, um dieses Werk zu beschreiben, „Interpretation der Bibel" wäre wohl das „gerechtere" Wort. Eine der Herausgeberinnen, Pfarrerin Hanne Köhler, bezeichnete diese Bibel sowieso nur als „Zwischenstand auf einem Weg, der niemals endet" [73] und man weiß nicht so recht: ist das eine Verheißung oder eine Drohung?

Aber sie hat wohl recht. Denn als man das Werk 2006 veröffentlichte, konnte keiner ahnen, dass noch so viele unentdeckte Geschlechter existieren. Heute sind wir klüger. Man kann aber nur hoffen, dass nicht noch jemand aus dem „AK Sprachhandeln" von der Humboldt-Universität zu der Truppe der Übersetzerinnen stößt und die transsexuellen Aspekte mit einbauen will, denn sonst kann es mit dem meistgelesenen Buch der Welt noch ganz schlimm enden. Vermutlich heißt sie dann auch nicht mehr „Bibel in gerechter Sprache" sondern „Bibelx in gerechta Sprach_In".

Messias mit Migrationshintergrund

Ich bin sicher, wenn gender-theologisch noch ein paar Jahre an der Weihnachtsgeschichte rumgekaut wird, kommt auch dort endlich eine zeitgemäße Beschreibung der Heiligen Familie heraus. Denn wenn man es überdenkt, waren doch Maria, Josef und das Jesuskind die erste weltweit dokumentierte moderne Patchwork-Familie: Maria eine Leihmutter, die das Kind Gottes ausgetragen hat, und Josef als angeheirateter Ersatzpapa, der keine blöden Fragen nach dem Erzeuger stellt. Wunderbar auch der Migrationshintergrund von Maria und Josef, ein deutlicher Hinweis auf die intersektionale Gender-Forschung über Mehrfachdiskriminierungen. Jesus hatte zudem zwei Väter, einen auf Erden und einen im Himmel, aber zwei Väter. Das war sicher ein versteckter Hinweis Gottes, der in der Frage des Adoptionsrechtes für Homosexuelle noch einmal interessant werden kann. Schließlich ist aus Jesus ja auch was geworden. Nicht zuletzt wurde das Kind zudem direkt nach der Geburt im Krippenplatz untergebracht. Familienpolitisch und emanzipatorisch also ein Zeichen, und das bereits vor über 2000 Jahren! Wie konnten wir die Weitsicht Gottes nur so lange übersehen?

Als Religion auf der Höhe der Zeit hat die Evangelische Kirche natürlich ebenfalls inzwischen ein Faltblatt zur gendergerechten Sprache entwickelt[74]. Das Christinnentum ist schließlich gesellschaftliche Vorreiterin. Endlich können die Leiterinnen und Leiter kirchlicher Einrichtungen ihre Mitarbeiterinnen und Mitarbeiter als „Mitarbeitende" ansprechen und müssen auch nicht mehr die Spender um Geld anbetteln, sondern „die Spendenden". Die Kirche ist auch nicht mehr als „Arbeitgeber" sondern als „Arbeitgeberin" zu bezeichnen. Die Vielfalt der Geschlechter könne man aber auch durch Schrägstriche darstellen im Christ/Innentum. Zweifler werden freundlich ermuntert, ihre Kreativität einzusetzen, denn: „Es lohnt sich!" – zumindest für die Post jedenfalls, die das Faltblatt an alle kirchlichen Stellen ausgeliefert hat.

Und weil die Kirche natürlich am Puls der Zeit ist und sich nicht nur den sprachlichen, sondern allen Problemen stellen muss, kämpft die Evangelische Kirche dagegen an. Nein, nicht gegen den Glaubensschwund in der Gesellschaft und auch nicht gegen den Mitgliederschwund in den eigenen Reihen. Erst müssen die wirklich relevanten Themen auf den Tisch, bevor wir über Gott reden können: Die Klo-Türen. Oder besser gesagt, die Klo-Tür. Femininum singular. Denn eine Tür ist genug. Dafür hat man extra eine Kampagne gestartet.[75]

Klo-Türen für den Weltfrieden

Heißt es nicht auch Stilles Örtchen? Das hat doch sicher irgendwie auch etwas mit der Stille in der Kirche zu tun. Mein Gott, man muss sich schon ein bisschen bemühen, um thematisch die Kurve zu kriegen. Beides also stille Orte, nur im Filmchen der EKD dazu ist es ganz schön laut und bevölkert geworden. Denn da müssen jetzt alle durch eine Tür, damit niemand mehr ausgegrenzt wird mit nur zwei Toilettentüren für Männlein und Weiblein angesichts von so vielen Geschlechtern. Und so heißt es auf der Homepage: „Eine Tür ist genug – alle sind willkommen. Der Videospot für eine Kirche, die ihre Tür weit aufmacht".

Ob nun wirklich alle ihre Klo-Türen weit öffnen wollen, wage ich zwar zu bezweifeln, aber hey, wenigstens ist jetzt keiner mehr ausgegrenzt in der Evangelischen Kirche. Zudem ist es auch noch die kostengünstigere Variante im Vergleich zu den Unisex-Toiletten in Berlin. Anstatt drei Türen nur noch eine. Das spart Geld und Putzpersonal. Toll!

„Jedem Anfang wohnt ein Zauber inne", dichtete einst Hermann Hesse. Er wusste noch nichts von Gender, der Glückliche, sonst wäre ihm wohl die Tinte noch im Glas vertrocknet.

Eine, die dem Anfang der Bibel in gerechter Sprache beiwohnte, ist Claudia Janssen. Im Spiegel-Interview[76] erklärte sie damals, worin der „Zauber" der Bibel in gerechter Sprache liege, nämlich darin, „dass Vertrautes fremd wird und Fremdes vertraut werden kann". Und es gibt noch so viel Vertrautes, das uns fremd werden soll!

Gut, die sogenannte „Orientierungshilfe" der EKD zur Familie war ein Anfang, um Vertrautes ins Nirwana zu verabschieden, aber da ist doch noch Luft nach oben! Und so hat die Evangelische Kirche Deutschlands für Frau Professor Doktor Janssen ein ganz neues Arbeitsfeld gefunden: Ein eigenes EKD-Genderzentrum in Hannover, dessen Leiterin sie seit der Eröffnung im April 2014 ist. Ausgestattet mit einer Unisextoilette und einem Jahresbudget von ca. 200 000 Euro sind dort Gender-Theologinnen am Werk, um die Welt des Christentums noch strahlender, bunter, vielfältiger und gerechter zu gestalten. Aus „feministischer" Perspektive soll hier der Dialog geübt werden, so Frau Janssen bei der Pressekonferenz, und zwar nicht nur zwischen „Männern und Frauen, sondern zwischen allen Geschlechtern, zwischen Menschen, die hetero-, bisexuell, lesbisch, schwul, transgender, intersexuell, queer sind".

Einfach toll, so viel Vielfalt, und all das kommt jetzt in die Bibel! Man darf mit Fug und Recht behaupten, dass Frau Janssen für diese Aufgabe prädestiniert zu sein scheint, ist sie doch laut Selbstauskunft „lesbisch lebende Vikarin"[77], Genderkompetenz muss ihr also im Blut liegen. Bei veganem Mittagsmahl erklärte dann auch zur Eröffnung der damalige EKD-Chef Nikolaus Schneider den Handlungsbedarf seiner Kirche im Feld der „Queer-Theologie" und outete sich als wahrer Frauenversteher: „Verkrustungen einer jahrtausendealten Männertheologie und Männerkirche wurden – Gott sei Dank! – in den letzten 40 Jahren von Frauen schon aufgebrochen." Jetzt muss es aber weitergehen.

Mit von der Partie als Tischrednerin war bei der Eröffnung auch Lucie Veith[78]. Ja, genau die mit den „4000 Varianzen der geschlechtlichen Differenzierung", von der ich bereits sprach (siehe Seite 42). Diese sind natürlich in den bisherigen „Bibel-Varianzen" noch nicht hinreichend vertreten. Das lässt vermuten, dass man sich im Genderzentrum der EKD vorgenommen hat, noch weit mehr als den üblichen LSBTTI-Kram in die biblische Geschichte einzubetten. Angesichts dieser Mammutaufgabe sollten die Jahresbudgets des EKD-Zentrums auf Jahrzehnte gesichert sein.

Lucie Veith gehört übrigens ebenfalls zum erlesenen Referenten-Spektrum der Waldschlösschen-Akademie, also wird uns möglicherweise bei der Ausbildung der sexuell vielfältigen Experten für den Schulunterricht die eine oder andere der 4000 „Varianzen" noch mal begegnen.

Da ich mich nun selbst zu der Fraktion der Ungläubigen zähle, hatte ich mir ketzerisch erlaubt, im Vorfeld der Eröffnung den Nutzen dieses Genderzentrums infrage zu stellen, nebst dem Hinweis, ob die Kernaufgabe einer christlichen Kirche nicht die Verkündigung der Frohen Botschaft sein sollte, statt dass man sich als verlängerter Arm universitärer Genderlehrstühle betätige und Klo-Türen zusammenlegt.

Das hat Nikolaus Schneider doch ein wenig verstimmt, dass er zwar Frauen versteht, nicht aber alle Frauen ihn. Es brachte mir aber die zweifelhafte Ehre ein, bei der Eröffnung von ihm namentlich erwähnt zu werden, sodass ich dem veganen Gelage in Hannover doch irgendwie beiwohnte, wenn auch nur als Ausgestoßene und Ungläubige, deren Genderkritik eine „populistische Anbiederei an veränderungsunwillige konservative Kreise"[79] sei. Das muss evangelische Höchststrafe sein für Genderresistente. Schneider sprach von Ängsten und Vorurteilen, die überwunden werden müssen, denn logisch: Wer nicht glaubt, hat natürlich Angst. Oder vielleicht auch recht – was aber wiederum ein ketzerischer Gedanke ist.

Licht in das Dunkel von Ängsten und Vorurteilen brachte mir dann Frau Prof. Dr. Janssen selbst in einem Streitgespräch, das wir für das christliche Magazin „IDEA Spektrum" führten und das unschön endete, nämlich dort, wo Debatten immer enden, wenn kein Argument mehr zur Hand ist: bei der Faschismuskeule. In zäh bemühter Freundlichkeit hatten wir alles durchgekaut: meine angeblichen Ängste, meine angeblichen Vorurteile, den „frühen Gender-Theologen" Paulus, die Frauenquote in der Kirche und den Schlüsselvers für Gender-Theologen aus dem Galaterbrief 3,28, der da lautet: „Hier ist nicht Jude noch Grieche, hier ist nicht Sklave noch Freier, hier ist nicht Mann noch Frau; denn ihr seid allesamt einer in Christus Jesus." Doch, ehrlich, das gilt als Schlüsselvers für die Begründung der Gender-Theologie, und man muss wissen, dass schon zu Zeiten Jesu über „Gender-Kategorien gestritten" wurde: „Die Griechen gingen von der Eingeschlechtlichkeit des Menschen aus. Der Unterschied war nur, dass bei den Männern die Geschlechtsorgane nach außen gestülpt waren und bei den Frauen nach innen", erklärte mir Frau Janssen. Nun kenne ich nicht viele Griechen, außer den jungen Kellner, der uns nach dem Essen immer zu einem Ouzo einlädt. Ich bin aber sicher, nicht nur er, sondern auch die meisten anderen Griechen könnten uns ziemlich genau erklären, ob sie ein Mann oder eine Frau sind.

Nicht einig wurden wir uns auch bei der Schöpfungsgeschichte, denn in meiner Bibel steht in Genesis 1: „Als Mann und Frau schuf er sie", während er bei Frau Janssen „Frauen und Männer und Menschen, die geschlechtlich nicht eindeutig sind, wie zum Beispiel Intersexuelle und Transsexuelle, ( ) hetero- oder homosexuelle Menschen" geschaffen hat. Möglicherweise hat Gott inzwischen auch noch mal in der Bibel in gerechter Sprache nachgeschlagen oder ein Genderseminar besucht und sich auf den neuesten Stand gebracht.

Das bewährte Totschlag-Argument

Nachdem die immer weniger freundliche Frau Janssen mir dann vorwarf, meine Genderkritik bewege sich am politisch rechten Rand der Republik, musste ich das Gespräch dann wegen massiven Niveauverlusts abbrechen. Anstatt eines Lebewohl bekam ich noch ein: „Sie sind eine ganz gefährliche Person" hinterhergerufen. Ich möchte also an dieser Stelle nicht versäumen, die Leserschaft dieses Buches zu warnen, denn die Lektüre von Texten gefährlicher Personen ist ja nicht jedermanns Sache, nicht einmal für jede Frau.

Dass diese Schöpfung als Mann und Frau aber irgendwie Nazi sein muss, wissen auch andere Gender-Experten wie etwa Heinz-Jürgen Voß, Biologe und Sozialwissenschaftler, der in „Chrismon"[80], dem Magazin der Evangelischen Kirche, unwidersprochen zum Besten gab, die weitgehend klare biologische Zweiteilung der Geschlechter in Mann und Frau sei eine Theorie der Nazis. Bis in die 1920er-Jahre habe man von „Geschlechtervielfalt" gesprochen. Seltsam, in keinem Geschichtsbuch vor 1920 kann man etwas von „Geschlechtervielfalt" lesen. Aber vielleicht war ich auch einfach nicht aufmerksam genug in der Schule, schließlich ist auch der Gender-Theologe Paulus im Religionsunterricht an mir vorbeigerauscht. Voß weiß auch, dass diese „radikale Zweiteilung nur wieder hierarchische, gewaltsame Strukturen: Gewalt gegen Frauen, Zwangsprostitution, ungleiche Löhne" produziere. Merke: Diese ganze Biologie ist die Wurzel allen Übels von Gewalt bis zum Gender Pay Gap.

Irgendwie müssen es die Nazis aber auch geschafft haben, die Zweigeschlechtlichkeit bis in die entferntesten Winkel der Erde zu transportieren, wo sie sich bis heute festgesetzt hat. Selbst bei Naturvölkern, die vermutlich nicht einmal wissen, wer die Herren Nazis waren. Und das Ganze, ohne dass die politische Linke das mitbekommen hat. Aber lieber Herr Voß, die Zweigeschlechtlichkeit hat doch der liebe Gott bereits erfunden: „Als Mann und Frau" schuf er sie, da steht es doch schwarz auf weiß im Buch Genesis. Damit dürfte also die Beweiskette klar auf der Hand liegen: Gott war der erste Nazi.

Jeder, der die Bibel liest und gutheißt, also jeder Christ, ist damit auch ein verkappter Nazi. Jeder, der gegen die sexuelle Vielfalt der Geschlechter argumentiert: auch Nazi. Und auch jeder, der nicht die Bibel liest und dennoch an Mann und Frau glaubt, also die Mehrheit der Weltbevölkerung: auch alles Nazis. Beweiskette geschlossen. Und jetzt verstehe ich wirklich, warum die Politik ständig neu runde Tische gegen Rechts einrichtet. Wir haben es hier schließlich mit einer Weltherrschaft der Nazis zu tun, einer subversiven Unterwanderung. Danke, dass Sie uns darauf hingewiesen haben, Herr Voß.

Endlich ist die Welt wieder in Ordnung, aber irgendwie auch wieder zweigeteilt: Auf der einen Seite die genderaffinen „Nichtnazis" und auf der anderen Seite die genderkritischen Nazis.

Vielleicht sollte die EKD die „eine Tür für alle" noch mal überdenken. Es kann doch keiner aufgeklärten Gendertheologin zugemutet werden, mit Nazis die gleiche Toilette zu benutzen.

Womöglich waschen sich diese Personen auch noch am gleichen Waschbecken die Hände rein. Man muss ja die Klotüren nicht in „Mann" und „Frau" aufteilen, vielleicht besser in „Nazi" und „Nichtnazi", das dürfte auch mit den Piktogrammen viel einfacher werden als bei den Ampelweibchen in Berlin.

Man braucht es eigentlich nicht extra zu erwähnen, aber natürlich ist auch Voß Referent der Waldschlösschen-Akademie, was insofern konsequent ist, weil dort ja der Professor im Beirat sitzt, der seine Promotion „Dekonstruktion des Geschlechtes aus biologisch-medizinischer Perspektive"[81] begleitet hat: Prof. Dr. Rüdiger Lautmann. Es muss schön sein unter Freunden!

Auch andere alte Bekannte der sexuell vielfältigen Szene trifft man in der Evangelischen Kirche wieder, zum Beispiel Uwe Sielert, den Kentler-Freund und Sexualreformer. 2010 wurde er im Auftrag der EKD zum Mitglied der „Ad-Hoc Kommission zur Sexualethik"[82] berufen, die ihre Arbeit aber auf Drängen der Synode wieder eingestellt hat. Nachdem bereits die „Orientierungshilfe zur Familie" öffentlich eher suboptimal ankam, wollte man wohl neuen Ärger vermeiden. Es bleibt zu befürchten, dass die Arbeit irgendwann wieder aufgenommen wird, notfalls im Genderzentrum in Hannover, denn dort steht zumindest „eine Tür für alle" schon mal offen.

Auch katholisch kann genderkorrekt sein

Doch auch in der katholischen Kirche ist man bemüht, den Anschluss an die gendersensible Welt nicht ganz zu verlieren. Zwar ist man da nicht so schnell wie bei den evangelischen Schwestern und Brüderinnen, aber die katholische Kirche war ja noch nie für besondere Agilität bekannt. In Berlin, natürlich in Berlin, hat die Katholische Hochschule für Sozialwesen seit Sommer 2013 auch endlich ein eigenes Institut für „Gender und

Diversity"[83]. Auch hier wird intersektional geforscht, da Menschen ständig ausgegrenzt werden: aufgrund ethnischer Herkunft, Geschlecht, Alter, Geschlechtsidentitäten und sexuellen Orientierungen, Religion, Weltanschauung, Beeinträchtigungen und Behinderungen.

Grenzt denn nicht auch die katholische Kirche vor allem andere Religionen aus? Allein das dürfte bereits eine Mammutaufgabe werden, den eigenen Glauben so weit zu verleugnen, dass man anderen Religionen mit dem katholischen Anspruch nicht ständig auf die Füße tritt. Wenn dann der muslimische Schwule mit Migrationshintergrund auch noch im Rollstuhl sitzt, sollte der Anspruch einer „intersektionalen" Genderforschung sich für jeden wirklich selbst erklären.

Aber auch bei der Caritas hat man längst eine „Gender-Beauftragte". Ihr größtes Ziel: Die Zahl der Frauen in Führungspositionen erhöhen[84]. Damit ist man absolut auf der Höhe der Zeit. Und ist nicht zuletzt die Diskussion über die Frage, ob Priester nicht endlich heiraten dürfen, auch ein gendertheologischer Ansatz? Zwar wollen immer weniger Menschen heiraten, die Priester sollen jetzt aber dürfen. Außerdem ist es in einer Welt, in der jeder mit jedem jederzeit Geschlechtsverkehr haben soll, ein ständiger Affront gegenüber dem Fortschritt der sexuellen Vielfalt, dass sich hier Menschen der Sexualität absichtlich verweigern.

Ein besonderer Spaß erwartet uns alle aber noch, wenn auch die muslimischen Gemeinden demnächst zwangsgegendert werden. Da wir dank Altpräsident Christian Wulff nun alle wissen, dass der Islam zu Deutschland gehört, kann es nicht weiterhin tragbar sein, dass man sich dort gendertheologischen Erkenntnissen verweigert. Diskussionsstoff zum Thema sexuelle Vielfalt bietet der Koran jedenfalls allemal.

10. Die Mauerblümchen-Studien

Kennen Sie die „Waldstudie"?[85] 27 000 Euro ließ sich das Umweltministerium NRW schon 2005 den Spaß kosten, elf Monate lang untersuchen zu lassen, wie Gender Mainstreaming im Nationalpark Eifel umgesetzt werden kann. Bahnbrechendes Forschungsergebnis: Männer und Frauen erleben den Wald unterschiedlich und Bilder von brünftigen Hirschen sollten auf den Werbe-Flyern entfernt werden, weil sie „stereotype Geschlechterrollen" befördern. Ein echter Erkenntnisgewinn.

Seither weiß ich auch endlich, was mich als Hausfrau mit dem Hirsch verbindet: Wir teilen das Schicksal der stereotypen Rolle und passen beide nicht mehr in diese moderne Welt. Außerdem bekommt man schon mal eine Vorahnung, warum Gender Studies inzwischen an manchen Universitäten auch für das Studium der Jagd- und Forstwirtschaft angeboten wird – damit weiß der Jäger gleich, wer für den Abschuss freigegeben ist.

Die Abteilung „Dinge, auf die die Welt lange gewartet hat" hält aber noch viel mehr für uns bereit. So wissen wir dank wissenschaftlicher Expertise aus Wien[86], wie das so ist mit Gender und Pferden. Reiten Frauen anders als Männer? Eine Frage, die sicher vielen Menschen Kopfzerbrechen bereitet hat, ist endlich beantwortet durch die Veterinärmedizinische Universität Wien. Um es kurz zu machen: Den Pferden ist es völlig egal, um nicht zu sagen „Wurst", wer auf ihnen sitzt.

Eine nicht repräsentative Umfrage unter Pferde-Liebhabern in meinem Bekanntenkreis zweifelt diese Ergebnisse allerdings an. So berichtet eine Freundin, die aufgrund der Brisanz der Information ungenannt bleiben will, ihr eigenes Pferd (ein Hengst) reagiere auf sie völlig anders als auf ihren schwulen Reitlehrer. Nun haben die Wiener ja offenbar den fatalen Fehler begangen, nur die Geschlechter „Frau" und „Mann" auf den Rücken der Pferde zu setzen. Keiner hat Conchita Wurst bislang hoch zu Ross getestet oder eine Pferdeparade vor den Life Ball-Plakaten von David LaChapelle abgehalten.

Es steht also zu befürchten, dass erst mehrere Meta-Studien mit mindestens ein paar Dutzend Geschlechtern die ganze Wahrheit ans Licht bringen werden.

Andere Studien beschäftigen sich mit der Frage von Gender und Terrorismus[87], was gerade aus deutscher Perspektive absolut angebracht ist. Haben wir doch hier auch eine ordentliche Frauenquote beizusteuern. Leider sträuben sich nach wie vor selbst die öffentlich-rechtlichen Medien dagegen, den weiblichen Beitrag im Terrorismus endlich anzuerkennen und sprechen skandalöserweise in Nachrichtensendungen immer nur von Terroristen, ohne die weiblichen Heldinnen auch nur sprachlich zu erwähnen. Hier muss noch viel Aufklärungsarbeit vollbracht werden, um Terroristinnen eine angemessene Würdigung zukommen zu lassen.

Geschlechtsneutrale Gummipuppen

In Bielefeld diskutiert man, welches Geschlecht Roboter brauchen[88]. Oder ob sie überhaupt ein Geschlecht haben sollten, schließlich verstärkt das auch bei Robotern die stereotype Wahrnehmung. Bedenklich ist zudem das Ergebnis, dass Roboter für

Menschen umso unglaubwürdiger werden, je menschlicher sie aussehen. Allein schon aus diesem Grund sollten wir unbedingt vermeiden, Robotern ein weibliches Antlitz zu geben, denn Frauen, die darunter leiden, nicht ernst genommen zu werden, haben wir schon mehr als genug. Unter diesem Aspekt ist es nahezu empörend, dass sich noch keine Gender-Forschungsgruppe die Gummipuppen von Beate Uhse kritisch vorgenommen hat. Die sehen nämlich in der Regel auch ziemlich weiblich aus und verstärken ganz sicher das weibliche Stereotyp „billig und willig".

Damit kein Winkel unseres wunderbaren Landes genderfrei bleibt, muss auch abseits von Hirschen, Wäldern und Robotern stetig weiter „geforscht" oder, alternativ, ein Forschungsfeld mit den Gender-Studies verknüpft werden. Mit dieser Taktik bleibt bald kein blinder Fleck mehr übrig, und die flächendeckende Gender-Grundversorgung ist gewährleistet. Ich bin sicher, dass die Ersten bereits heimlich über einen Gender-Solidaritäts-Beitrag nachdenken. Schließlich ist der Umbau einer ganzen Gesellschaft nicht zum Nulltarif zu haben. Über 200 Lehrstühle im deutschsprachigen Raum, die wir alle aus Steuermitteln mitfinanzieren, sind aber immerhin ein Anfang. Wie viel wir heute schon für Gender-Forschung und Projekte ausgeben, kann kaum beziffert werden, weil nicht nur auf den ausgewiesenen Lehrstühlen, sondern auch an Instituten, in Stiftungen, in anderen Studiengängen, in Unternehmen und auf allen politischen Ebenen Gelder ausgegeben werden. Was das alles kostet, wäre in der Tat mal eine Studie wert, aber das findet sich leider als Thema auf keiner Forschungs-Agenda. Wahrscheinlich will man die Gesamtsumme aus Rücksicht auf die Gesundheit des Finanzministers nirgendwo schwarz auf weiß drucken; er hat es schon schwer genug mit den Zahlungen an Griechenland.

Freundlicherweise hat die Freie Universität Berlin zumindest mal alle Gender-Lehrstühle aufgelistet.[89] Und so finden sich allein in Deutschland 141 Professuren, die sich mit Frauen-, Geschlechter- oder Gender-Studien befassen. Berlin ist auch hier vorn mit dabei, ganze 34 Lehrstühle sind in der Hauptstadt versammelt. Noch mehr Gender-Kompetenz schafft nur Nordrhein-Westfalen mit 39 Professuren, dort leben aber auch fünfmal so viele Menschen. Weil das noch nicht reicht, kommen noch mal 47 Gender-Lehrstühle an Fachhochschulen[90] dazu.

Österreich und die kleine Schweiz halten den Anschluss. In der Alpenrepublik sind es 18 Lehrstühle und in der Schweiz 7. Macht derzeit[91] zusammen 213 deutschsprachige Gender-Professuren; eine Zahl, die in den vergangenen Jahren explosionsartig angestiegen ist. Thematische Spitzenreiter[92] sind dabei die Soziologen mit 26 Lehrstühlen, gefolgt von den Literatur- und Erziehungswissenschaften mit jeweils 16, aber auch Architektur, Informatik, Physik und die Japanologie sind mit dabei im bunten Gender-Potpourri.

Damit in Sachen Gender-Kompetenz der Nachwuchs und die Vernetzung gesichert sind, gibt es zusätzlich Graduiertenkollegs, Promotionskollegs und Forschungsgruppen. Wie etwa in Kassel[93], wo Neulinge die Dynamiken von „Raum und Geschlecht" ganz neu „entdecken, erobern, erfinden und erzählen" oder eben auch darin graduieren können. Am „Interdisziplinären Graduiertenkolleg Hildesheim" widmet man sich vor allem „Gender und Bildung", dort kann man aber auch ein „Transdisziplinäres Gender-Zertifikat"[94] erwerben.

Ein echter Vorteil auf dem modernen Arbeitsmarkt, denn wie auf der Homepage zu lesen ist, gilt dies heutzutage als „Schlüssel- und Führungsqualifikation". Am Helene Lang Kolleg kommt man jedenfalls nur als Frau in den Genuss von „Queerstudies und Intermedialität" in der Kunst. Hier bemüht man sich unter anderem um Antworten auf die Frage, inwiefern „queere Arbeiten in Kunst, Musik und Medienkultur als Anti-Normalisierungspolitik"[95] fungieren können.

Gender, Gender über alles

Vielfalt ist in der Tat das Schlagwort der Stunde, denn die Themen gehen offenbar nicht aus, und mit ein bisschen gutem Willen lässt sich heute alles mit Gender verbinden: „Gender in Motion", Entgrenzungen und Begrenzungen von Körper, Geschlecht und „Selbsttechnologien", die soziale Ordnung, religiöse Symbolsysteme, die Literatur, die symbolische Ordnung, die Interkulturalität – um nur einige Themen aufzulisten, mit denen sich derzeit Promotionsanwärter beschäftigen.

An der Technischen Universität Berlin erforscht man zum Beispiel „genderDynamiken" anhand von „Fallstudien zur Verschränkung von Fachkulturen und Forschungsorganisationen am Beispiel der Physik"[96]. Dies finanzieren das Bundesbildungsministerium und der Europäische Sozialfond. Ins Deutsche übersetzt forscht man an der Frage, warum so wenig Frauen Physik studieren und ob das organisatorische Gründe hat. Dabei geht man laut Forschungsbeschreibung von der Existenz „gläserner Decken" aus – deren physikalischen Nachweis ich allerdings deutlich spannender fände als die Frage, ob ein Mann oder eine Frau sie findet.

Zusammen mit der Universität Graz forscht man an der TU Berlin auch zum Thema „Nach Bologna: Gender Studies in der unternehmerischen Hochschule"[97]. Dies wiederum bezahlen die Deutsche Forschungsgemeinschaft (DFG) und der Fond zur Förderung der wissenschaftlichen Forschung in Österreich (FWF). Konkret erfasst hier ein gefördertes Gender-Projekt, an welchen Universitäten in der Schweiz, Österreich und in Deutschland ebenfalls Gender-Projekte vorhanden sind, in welche Fächer man Gender bereits erfolgreich installiert hat und wer das tut. In München zahlt der DFG die Forschung über die Frage „Soziologische Explorationen zur (Neu) Kodierung der Geschlechterdifferenz am Beispiel Schönheitschirurgie".[98] Allein diese Erkenntnisse werden wir mit 232 000 Euro bezahlen, denn die DFG wird fast 100-prozentig aus Steuermitteln finanziert.

An der Uni Köln befasst man sich mit der gendertheoretischen Perspektive auf den „Leib Christi"[99], dieser muss nämlich auch dekonstruiert werden. Auch hier zahlt brav die DFG. Falls der Leser sich nun fragt, wie der ziemlich männliche „Leib Christi" gendertheologisch hinterfragt werden kann, sei erklärt, hier wird „auf der Basis dieser kritischen Relecture des Leib-Christi-Begriffs ein Modell einer ‚gendersensiblen' Theologie des Leibes Christi entwickelt, das theologisch-anthropologische Reflexionen zur Bedeutung von Leib und Körper aufgreift, in denen subjektivitäts- und freiheitstheoretische Konzeptionen theologischer Anthropologie aus dem Kontext erstphilosophisch orientierter systematischen Theologien mit phänomenologischen Überlegungen zu Leib und Körper verknüpft werden." Keine Hinweise finden sich jedoch, wie man nach dem lauten Vorlesen dieses Satzes seine Zunge wieder entrollt.

Besonders beliebt scheinen die etwas weinerlichen Projekte zu sein, die sich damit befassen, wie der Karriereverlauf von Frauen ist, warum in manchen Wissenschaftszweigen so wenige Frauen zu finden sind, und auch hier wieder, ob das strukturell oder organisatorisch begründet ist. Geldgeber dafür ist das Bundesministerium für Bildung und Forschung mit einem eigenen Förderprogramm namens „Frauen an die Spitze".

Frauen forschen also darüber, warum so wenige Frauen forschen. Die Unis Bielefeld und Hamburg[100] tun dies im Bereich Mathematik und Physik, die Fern-Uni Hagen im Bereich Jura[101], die Hochschule Furtwangen im Bereich Forschung und Entwicklung.[102]

Doch auch die Sprachentwicklung unter Genderaspekten in Albanien, Kroatien und Serbien[103] ist uns Forschungsgelder der DFG wert, dieses Projekt hat eine Laufzeit von 10 Jahren und wird unter anderem von meiner neuen Lieblingsprofx Lann Hornscheidt betreut. Man darf ganz gespannt sein, ob die Kroaten und die Serben sich wenigstens für die Manifestation der Genderperspektive in der Bezeichnung der örtlichen Bäckerx erwärmen können.

Am sinnvollsten erscheint mir noch in der ellenlangen Liste das Forschungsvorhaben „Sexuelle Moderne und Wahnsinn"[104], denn am Wahnsinn sind wir schon verdammt nah dran mit diesem Thema.

Der Wahnsinn lauert überall

Doch Gender passt zu jedem Fach. Und wo es nicht passt, wird es passend gemacht. Auf der Internet-Seite „Gender-Curricula"[105] sind bereits 54 Studiengänge aufgelistet, in die noch die Gender-Perspektive hineinstudiert werden kann oder könnte, wenn man es denn endlich schafft, sie auch in die letzten universitären Fächer mit einzubauen. Manche Universitäten stellen sich ja noch ganz widerspenstig an. Diese Seite wird betrieben vom „Netzwerk Frauen- und Geschlechterforschung NRW", bezahlt wird das Ganze auch von uns, beziehungsweise vom Ministerium für Innovation, Wissenschaft und Forschung des Landes Nordrhein-Westfalen. Und innovativ ist man hier allemal. Für quasi alle Studiengänge hat man bereits „Curricula", also Lehrpläne, entworfen, wie Gender in das jeweilige Studienfach integriert werden könnte. Damit da auch nichts schiefläuft, wenn jemand zum Beispiel keine Ahnung hat, wie man die Gender-Perspektive in Informatik reinkriegt, kann man auf eine Riege von „GenderExpertinnen" zurückgreifen. Fein aufgelistet nach Studienfächern findet man um die 300 Ansprechpartnerinnen, und in diesem Fall kann man ruhig nur die weibliche Variante des Wortes nutzen, denn unter den Expertinnen in Sachen Gender sind nur 8 Männer. Gender ist Frauensache, das hatten wir ja schon geklärt, und natürlich finden wir hier auch Lann Hornscheidt wieder, die hier allerdings noch Antje heißt und auch tatsächlich als Professorin und nicht als Profx vorgestellt wird.

Man freut sich hier, „Vorschläge zur Integration von Lehrinhalten der Frauen- und Geschlechterforschung in die Curricula von (fast) allen in der Bundesrepublik Deutschland studierbaren Studienfächern" vorbereitet zu haben. Und so kann Gender endlich auch in völlig sachfremde Felder eingeführt werden. Sachfremd ist ein Fach ja nur so lange, bis noch niemand die Gender-Perspektive darin erblickt hat. Zumindest für Agrarwissenschaften, Chemie, Dolmetschen, Elektrotechnik, Gartenbau, KfZ-Technik, Mathematik, Nautik, Paläontologie und Volkswirtschaft ist dieser besondere weibliche Blick auf die Materie jedenfalls schon erkannt worden.

Nehmen wir gleich mal die Paläontologen als Beispiel. Dort wird attestiert, dass Gender bislang kaum eine Rolle gespielt habe, deswegen sei es „sinnvoll", Studierenden frühzeitig sowohl „wissenschaftstheoretische, die Genderkategorie einbeziehende Grundlagen nahezubringen als sie auch mit genderkritischen Ansätzen wissenschaftlicher Forschung zu konfrontieren". Ja, das erscheint sicher jedem auf den ersten Blick sinnvoll. Ebenfalls als Problem identifiziert ist, dass „weibliche Geowissenschaft aus der Geowissenschaftsgeschichte" bislang ausgeblendet war. Das ist schon fast einen Aufschrei wert! Also soll mit „ausgewählten Forschungsarbeiten zu Geowissenschaftlerinnen" darauf aufmerksam gemacht werden, dass die Geschichte der Geowissenschaft bislang sträflicherweise nicht geschlechtsneutral geschrieben wurde. Das Problem besteht also darin, dass weibliche Geowissenschaftlerinnen bis heute nicht ausreichend Aufmerksamkeit bekommen. Es muss sich um eine Art Geowissenschaftlerinnen-Aufmerksamkeits-Defizits-Syndrom handeln, kurz Geo-ADS.

Politisch korrektes Ertrinken

Im Studiengang Nautik hingegen legt man im Modul „Personalführung" besonderen Wert auf Gender, denn auch auf hoher See herrscht das „Problem erlernten Geschlechtsrollenverhaltens". Da sind sie wieder, die bösen Rollenstereotype. Es wird sicher ein ganzes Semester brauchen, allein um mit dem Gerücht aufzuräumen, dass Frauen an Bord Unglück bringen oder nur als barbusige Gallionsfigur in Holz geschnitzt etwas taugen. Sowohl Literatur als auch Filmgeschichte haben hier bereits viel Schaden angerichtet. Beim Thema „Frauen an Bord" wird also nach „geeigneten Verhaltensweisen für Männer und Frauen" gesucht.

Der Alarmruf „Mann über Bord" geht natürlich gar nicht mehr. Eine gendersensible Ansprache für Ertrinkende ist dringend vonnöten, wenn Mann nicht riskieren will, aus den Fluten ein „Du sexistisches Arschloch, ich bin eine Frau!" entgegengebrüllt zu bekommen, falls eine Frau oder sonst ein Geschlecht über Bord gegangen ist.

Unter dem Gender-Aspekt sollen auch typische Konflikte zwischen Frau und Mann unter den Lebensbedingungen an Bord thematisiert werden, was endlich mal ein sinnvoller Hinweis ist.

Da ich meine Klassenfahrt in der 11. Klasse an Bord eines Hausbootes in Südfrankreich mit geschlechtergemischter Bordbesatzung verbracht habe, kann ich bestätigen, dass der Wasserdruck in der Dusche nicht vielen Frauen standhält, die sich die Haare waschen wollen. Ein Duschplan zur Gewährleistung gerechter Warmwasserverteilung zwischen Männern und Frauen an Bord ist da ein echtes Muss.

Im Fach Dolmetschen ist man wieder bei Bewährtem angelangt. Sprache ist Machtinstrument und das „zentrale Anliegen der Geschlechterforschung im Fach Übersetzen und Dolmetschen sind die Aufarbeitung und Sichtbarmachung der Leistungen weiblicher Übersetzerinnen in der Geschichte des Fachs". Auch hier gibt es wieder zu wenig gewürdigte Expertinnen, die sichtbar gemacht werden müssen, wie wir es auch bei den Geowissenschaften schon hatten.

In Gartenbauwissenschaften kann man ganz praktisch Gender lernen, indem man beispielsweise die Wirkung der Innenraumbegrünung durch Pflanzen auf den Menschen geschlechtsspezifisch beschreibt. Die richtige Platzierung von Topfpflanzen in weiblichen Großstadt-Single-Haushalten mit Katze muss hammerspannend sein und ist sicher ein wichtiges Forschungsfeld.

Das Mauerblümchen-Syndrom

Bei der Mathematik stellt die Genderforschung selbst fest, dass sie in dem Fach völlig überflüssig ist. Denn obwohl die Mathematik in ihrer langen Geschichte ganz überwiegend von Männern erforscht und tradiert worden ist, seien „androzentrische Verzerrungen in Konzepten und Methoden sowie Konstruktionen von Geschlecht in diesem Fach bisher nicht wissenschaftlich belegt worden". Heißt in Normaldeutsch: Gender spielt in Mathe nachweislich keine Rolle.

Wer aber glaubt, jetzt könnte man wenigstens für ein Fach Gender-Entwarnung geben, weiß nichts von der Spitzfindigkeit gewiefter Expertinnen. Denn weil man offenbar ein weites Feld wie die Mathematik gendermäßig nicht brachliegen lassen will, legt man den Schwerpunkt anders. Und Sie dürfen dreimal raten worauf.

Richtig: Wieder mal die Akteurinnen selbst: „Die mathematikbezogene Frauen- und Geschlechterforschung stellt in ihren Arbeiten die Akteure der Mathematik in den Mittelpunkt." Dazu gibt es „biographische Studien über Mathematikerinnen von der Antike bis zur neuesten Zeit, insbesondere ihre jeweiligen Beiträge zur Mathematik im historischen Kontext, ihre Lern- und Arbeitsbedingungen". Merke: Wenn ein Fach rein gar nichts mit Gender zu tun hat, dann studiert man eben über die Frauen, die das Fach studiert haben, aber zu wenig gewürdigt werden. Man könnte auch sagen, es handele sich um feministische Mauerblümchen-Studien, vermutlich wäre das aber wieder sexistisch.

Völlig vergendert

Nach diesem Schema lässt sich allerdings kaum noch feststellen, in wie vielen Studiengängen die Gender-Perspektive heute bereits drin ist. Die oben beschriebenen 213 Professuren hatten ja den Gender-Auftrag im Namen. Indem nun aber Stück für Stück überall Gender eingebaut wird, gibt es für Studenten nahezu kein Entrinnen mehr.

Ob das Ganze irgendeinen Sinn macht oder gar zu einem Erkenntnisgewinn für Studenten oder die Allgemeinheit führt, lässt sich leider nicht feststellen. Einer hat es zumindest für Niedersachsen mal probiert, und zwar Prof. Dr. Günter Buchholz. Der Versuch, die sogenannten Gender Studies einer echten Evaluation zu unterziehen, ist aber offenbar ein Ding der

Unmöglichkeit, wie sich in Niedersachsen zeigte. Den meisten Forscherinnen erscheint wohl allein schon die Frage nach dem Nutzen ihrer Forschung als persönlicher Affront.

Klar, wer als Dogma voranstellt, dass Gender Studies nicht zu hinterfragen sind, sondern für sich sprechen, der braucht weder ein Forschungsziel noch einen Forschungszweck. Außer vielleicht die Sicherung des eigenen Lebensunterhalts und des nächsten Jahresbudgets. Prof. Buchholz hat sich dennoch an den Versuch gewagt, zumindest in Niedersachsen herauszufinden, welche Ergebnisse diese „Forschung" zutage bringt und welchen Nutzen wir als Gesellschaft für die Investition unserer Steuergelder bekommen. Nüchternes Ergebnis laut Prof. Buchholz war, dass durch die angefragten Professorinnen „gar keine Evaluation des Forschungs-Outputs vorgenommen worden ist, sondern dass es der beauftragten Kommission nur darum ging, die Input-Strukturen zu stärken, indem mehr Stellen, mehr finanzielle Mittel und noch weniger Kontrollen gefordert wurden[106].

Nun kann man eine unabhängige Untersuchung auf zwei Arten sabotieren: Entweder, man gibt keine Antwort, was sich nach außen aber ganz schlecht macht. Oder man sorgt dafür, dass die Richtigen in der Jury sitzen. Man könnte auch sagen, in Niedersachsen wurde der Bock zum Gärtner gemacht, denn diejenigen Professorinnen, deren Forschung bewertet werden sollte, nahmen diese Evaluation in der eingesetzten Kommission selbst vor. Das ist wirklich praktisch, wenn man zum richtigen Ergebnis kommen will. Vielleicht sollten wir demnächst Abiturienten ihre Matheprüfungen auch selbst korrigieren lassen. Das hebt mit Sicherheit die Durchschnittsnoten und verringert die Durchfallquoten.

Möglicherweise waren die Damen der Kommission aber auch nur Vertreterinnen der „feministischen Standorttheorie". Die besagt nämlich, dass Frauen grundsätzlich eine objektivere Sicht auf die Dinge haben als Männer, weil männliche Forschung immer die eigene Männlichkeit als Norm und Maßstab nimmt. Ein Mann als Mitglied im Club der „angry white men" kann praktisch gar nicht objektiv sein.

Dass also genau diejenigen an einer Sache forschen, die selbst betroffen sind, gilt neuerdings nicht mehr als Befangenheit, sondern sogar als bessere Qualifikation. Genderforschung ist demnach also ganz zu Recht Forschung von Frauen über Frauen, denn als Opfer-Gruppe haben sie natürlich einen ganz selbstlosen, objektiven Blick auf die Sache. Ja, das klingt nach echter Gender-Logik.

Am besten wir lassen demnächst auch psychisch Kranke sich selbst therapieren, denn durch die Vernunft der Mehrheit ist ihnen objektiv nicht beizukommen. Und damit schließt sich der Kreis wieder bei Gender und Wahnsinn.

Friss oder schweig

Als Student an der Uni hält man bei all dem Irrsinn am besten die Klappe, wenn man nicht Punktabzüge riskieren will. Von verschiedenen Universitäten berichten mir Studenten, dass sie heute schon ihre Semesterarbeiten natürlich in gegenderter Sprache abgeben müssen. Einen Helden aus Köln habe ich kürzlich kennengelernt, der seinen Text einfach auf Deutsch abgegeben hat. Seine Professorin weigerte sich daraufhin, die Arbeit überhaupt zu korrigieren. Ein Medizinstudent berichtete mir von seiner Arbeit zum Thema „Prostatakrebs". Auch diesen Text musste er selbstverständlich gegendert abgeben, obwohl weltweit noch keine Frau mit einer Prostata gesichtet wurde.

Wer also auf Nummer sicher gehen will bei der Abschlussnote, legt sich besser nicht mit der Genderfront an, die sitzt am längeren Hebel – obwohl es keine gesetzliche Regelung gibt, die einen Studenten zwingen könnte. Aber mit solchen Kleinigkeiten wie Gesetzen wollen wir uns nicht abgeben, schließlich gilt es, die ganze Welt aus der Zwangsheteronormativität zu befreien und da sind die Kämpferinnen für mehr Toleranz und Akzeptanz mit ihrer eigenen ziemlich schnell am Ende.

Da es in Deutschland aber immer noch Widerstandsnester gibt, die sich dagegen wehren, mit Regenbogenfahnen bewaffnet in den gendersensiblen Sonnenuntergang zu schreiten, sind eine Menge Menschen ebenfalls mit unserem Geld dabei, gegen all diese Trans-, Homo- und Sonstwas-Phobie anzukämpfen.

Bewährt hat sich hier die Arbeit diverser Stiftungen. Ausgestattet mit Steuergeldern kämpfen sie mit großen Budgets für mehr Toleranz und Akzeptanz im Land. Wie etwa die Bundesstiftung Magnus Hirschfeld. Ausgestattet mit einem Kapital von 10 Millionen[107] und benannt nach dem gleichnamigen Sexualforscher, der die ultimative Formel für die wahre Zahl der Sexualtypen gefunden hat, nämlich: $3^{16} = 43.046.721$ [108]. Davon könnte selbst Lucie Veith mit ihren 4000 Varianten noch etwas lernen, deswegen wundert es auch nicht, dass sie dort im Fachbeirat sitzt.

Von hier aus werden Initiativen gegen Diskriminierung von Menschen mit einer nicht-heterosexuellen Orientierung koordiniert. Die Waldschlösschen-Akademie, von der wir bereits hörten, und in der all die SchLAu-Experten für den modernen Sexualkundeunterricht ausgebildet werden, arbeitet mit freundlicher Unterstützung dieser Stiftung. Man ist bemüht, das Stiftungskapital zu vermehren, verzichtet dabei aber ganz korrekt auf Anlagen in Staaten, die ein homophobes Strafrecht besitzen. Vermutlich wird auch nur veganes Essen gereicht.

Bei der Heinrich Böll Stiftung und ihrem „Gunda Werner Institut für Feminismus und Geschlechterdemokratie" ist man wiederum bemüht, Männer zurück in die Spur zu bringen, vor allem diejenigen, die unter Homophobie leiden und Sexismus unter Männern vorantreiben. Dabei sollen sie ihre eigenen Männlichkeitsideale infrage stellen und „eigene homoerotische Anteile"[109] kritisch prüfen. Schließlich ist es ja eine alte Weisheit, dass alle, die in Sachen Homosexualität nicht sofort in Begeisterungsstürme ausbrechen, in der Regel selbst verkappte Schwule sind, die sich das bloß nicht eingestehen wollen. Dazu wurde sogar ein ganzes Buch herausgegeben, als Argumentationshilfe gegen die bösen Gender-Gegner, die immer behaupten, Gender sei gar keine Wissenschaft[110].

Ein bisschen seltsam ist es natürlich schon, dass es ein ganzes Buch braucht, um die angebliche Gewissheit der wissenschaftlichen Basis dieser Forschung extra zu begründen. Bei Fächern wie Mathematik, Chemie oder selbst Soziologie ist dafür keine Auflistung von Argumenten nötig, nur in Sachen Gender sind viele Seiten nötig, um die eigene Daseinsberechtigung zu erklären.

Gendergerechtes Europa

Die Bekämpfung von Vorurteilen, Homophobie, Transphobie, Antifeminismus und Antirassismus – ja, das ist inzwischen alles auf einer Linie – ist nicht nur eine nationale Aufgabe und macht vor Landesgrenzen nicht halt. Warum nur in Deutschland Geld ausgeben, wenn man es zusätzlich auch mit EU-Geldern machen kann?

Genau genommen war man auf EU-Ebene schon viel früher aktiv, als innerhalb der einzelnen Mitgliedsstaaten, schließlich wurde uns der ganze Gender-Wahnsinn ja von dort nach unten durchgereicht. Selbstverständlich gibt es auch auf EU-Ebene ein eigenes Gender-Institut EIGE[111], „European Institute for Gender

Equality", das gerade einen Etat von 50 Millionen ausgibt. Was dort genau getan wird, ist nicht so leicht herauszufinden. Man unterstützt nationale Projekte und vernetzt sich gegenseitig, führt Statistiken, bekämpft auch hier Stereotypen, schult Gender-Kompetenz und bemüht sich um „Synergien".

Leider wird kein Geld ausgegeben, um die Arbeit dieser sicher sehr wichtigen Einrichtung in die verschiedenen Sprachen der EU-Länder zu übersetzen. Damit ist dann auch sichergestellt, dass der normale EU-Bürger nicht zu viel davon mitbekommt, es sei denn, er spricht Englisch. Oder Litauisch. Ja, wirklich, die Weltsprache Litauisch ist anscheinend stark im Kommen. Sollten Sie sich also in Sachen Gender auf EU-Ebene auf den neuesten Stand bringen wollen, greifen Sie einfach beherzt zum Telefon und rufen Sie im Hauptsitz von EIGE in Vilnius an.

Um die Dimension dessen zu begreifen, was heute schon auf Europaebene durch den Europäischen Sozialfond, Institute und allerlei Projekte an Geld ausgegeben wird, um „Gender-Gerechtigkeit" in der EU herzustellen, empfehle ich einen Blick in den dazugehörigen Finanzreport[112]. Allein von 2007 bis 2013 waren es jedenfalls 3,56 Milliarden Euro. Empörend wenig, finden die diversen Frauen-Lobbygruppen[113], die sich auf EU-Ebene zusammengefunden und die Zahlen freundlicherweise selbst zusammengestellt haben. Dies seien schließlich nur 0,37 Prozent des EU-Etats, und deswegen fordern sie, die Summe im nächsten Etat auszuweiten.

11. Gendergerechter Geschlechtsverkehr

Die Grüne Jugend in Bielefeld ist offenbar ein ganz lustiger Haufen weltoffener junger Menschen. In keiner anderen Partei finden sich derart viele sexuell fortschrittliche Menschen. Gut, das scheint ja Tradition bei den Grüninnen zu sein. Wir warten alle noch gespannt auf die restlose Aufarbeitung dieses unangenehmen Abschnitts in der Parteihistorie, in dem manche „Fortschrittlichen" Kindern zu mehr Sexualität oder auch Erwachsenen zu mehr Sexualität mit Kindern verhelfen wollten. Die sexuelle Revolution steckt den Grüninnen also im Blut, gendergerechte Umsetzung inklusive.

So kann man sich bereits bei der Anmeldung bei der Grünen Jugend entscheiden, ob man „weiblich" oder „nicht weiblich" ist[114]. Damit kann von vornherein ausgeschlossen werden, dass ein Exemplar der bösen „angry white men" die Grüne Jugend unterwandert und seine Männlichkeit zur Schau stellt. Dies sei auch keine Diskriminierung von Männern, darauf legt man bei der Grünen Jugend großen Wert. Stimmt, sie dürfen sich ja schließlich nicht-weiblich nennen.

Mit einem tollen Gruppenfoto unter dem handgemalten Plakat „Fickt euch doch alle" präsentierte sich der Bielefelder Partei-Nachwuchs bereits mit seinem politischen Programm. Geschlechtsverkehr kann nicht oft genug besprochen werden und die deutschen Lehrpläne geben der Grünen Jugend da recht. Die

Frage, wer es mit wem und wie machen könnte, gehört ja neuerdings zur Grundausbildung im Land der Dichter und Denker, und so beweisen die Grünen mal wieder, dass sie ganz vorne mit dabei sind.

Um das Thema zu vertiefen, bietet die Organisation gerne auch BUMS[115]-Seminare an. BUMS, das steht für „Beziehungen, Unanständigkeit, Macht und Sexualität". Und allein schon die Ankündigung hört sich spannend an. Mit „tollen Referent_Innen" will man sich kritisch mit der romantischen Zweierbeziehung auseinandersetzen. Klar, wenn wir uns alle ficken sollen, reicht die Kapazität locker für mehr als zwei. Gleichzeitig soll die Institution Ehe als „universale Lösung" infrage gestellt werden. „Ja, wir wollen die Ehe abschaffen"[116] – mit diesem mutigen Bekenntnis wandte sich der junge Bundesvorstand schon 2011 an die Öffentlichkeit.

Doch zurück zum BUMS-Seminar, dort will man über „Tabus" reden. Wie das so ist mit Sex im Alter oder auch unter Verwandten. Ein wichtiges Thema, das bereits den Alt-Grünen Christian Ströbele seit Jahren umtreibt. Gut, wenn die Parteijugend nicht locker lässt, damit fortan auch Bruder und Schwester ins fröhliche „Fickt euch doch alle" mit einbezogen werden können. Das Ganze dann in einer gemütlichen „linken" Wohngemeinschaft, in der nicht nur gemeinsam geschlafen, sondern auch lecker vegan gekocht werden soll. Wer die spannenden Referent_Innen sein werden, stand nicht mit dabei, ich empfehle aber die Betreiber_Innen des queer-veganen Sex-Shops aus Berlin. Wenn jemand Bescheid weiß über queer-vegane sexuelle Vielfalt, dann diese Damen.

Wie hatte Profx. Lann Hornscheidt es schon in ihrem „Umkleideblues" erklärt: Das Motiv für eine Eheschließung darf nur politisch sein, ansonsten trägt man nur dazu bei, die

Zweigeschlechtlichkeit zu zementieren. Das Private ist politisch, die Ehe ist politisch, also ist auch der Sex politisch.

Politisch korrekter Sex

Und wie viel man da falsch machen kann, gerade als Frau! Wie schnell stolpert man bei Kerzenschein aus Versehen mit einem Mann ins Schlafzimmer und schon ist sie vorbei, die schöne Emanzipation. Dass Sex politisch ist, hätten wir aber schon länger wissen müssen, dafür braucht es die Grüne Jugend nicht. Die 68er-Generation hat das schließlich hinreichend in ihren Kommunen ausdiskutiert, mit dem Fazit: „Wer zweimal mit der Gleichen pennt, gehört schon zum Establishment!"

Und schließlich verdanken wir dem Golden Girl des Feminismus, Alice Schwarzer, seit Jahren die Erkenntnis, dass jede Penetration Gewalt ist. Sex zwischen Männern und Frauen ist also ein Akt politischer Unterdrückung. Hier werden die Machtkämpfe final ausgetragen. Penetration, wie das schon klingt! Gewalttätig und roh. Deswegen, logisch, kann politisch korrekter Sex selbstredend nur zwischen ebenbürtigen Mitmenschinnen stattfinden, also zum Beispiel zwischen zwei Frauen. Diese können sich nicht gegenseitig penetrieren, also tun sie sich auch keine Gewalt an.

Dass Sex zwischen Frauen und Männern schon lange auf den Index gehört, wusste bereits Sheila Jeffreys, britische Vorreiterin des „Lesbian Feminism": „Wenn eine Frau durch einen Mann zum Orgasmus kommt, kollaboriert sie lediglich mit dem patriarchalischen Unterdrückersystem. Sie erotisiert ihre eigene Unterdrückung."[117] Da haben wir es, wieder einmal ist es die selbst gewählte Unmündigkeit von Frauen, die Männern zum Lustgewinn verhilft, und in perfider Weise die weibliche Gefangenschaft auch noch mit Wohlbefinden verbindet. Was lernen wir daraus, meine Damen? Wenn wir uns schon unseren Männern hingeben, sollten wir zumindest keinen Spaß dran haben. Dann werden die schon sehen, was sie davon haben. Oder vielleicht zu einer anderen weiterziehen.

Fragen über Fragen türmen sich spontan auf, sollte es doch zum Äußersten kommen: Darf ich als Frau noch unten liegen? Oder müsste ich, zumindest um den Anschein einer gewissen Dominanz zu wahren, nicht wenigstens darauf beharren, oben Stellung zu beziehen? Von anderen Sexualpraktiken gar nicht zu sprechen, ich fürchte, da ist fast nichts Emanzipatorisches mehr dabei. Bleibt nur noch das stille Dulden ohne Orgasmus, oder um es mit den Worten zu sagen, die man der verstorbenen Queen Victoria zuschreibt: „Ich schloss die Augen und dachte an England".

Dass die Buchserie „Shades of Grey" ein derartiger Kassenerfolg wurde, ist unter geschlechtssensiblen Gesichtspunkten also mehr als bedenklich. Immerhin unterwirft sich dort eine Frau den Fesselspielen eines Mannes. Es muss also als politisch unkorrektes Buch bezeichnet werden und zeugt davon, wie sehr wir Frauen schon von den vorherrschenden, penetranten, männlichen Sexualvorstellungen beeinflusst sind – denn die Leserschaft von „Shades of Grey" ist vornehmlich weiblich. Die einzig legitime Form von Geschlechtsverkehr von Frauen mit einem Mann wäre nach Vorstellung von Sheila Jeffreys vermutlich in der Rolle einer Domina. Fair gehandelte vegane Lederpeitschen gibt's dazu aus dem bewährten queer-veganen Shop. Damit ist dem Umweltschutz Genüge getan und der Stolz der Frauen gewahrt.

Ein bisschen irritiert mich aber immer noch, dass auch aus dem feministischen Lager unterschiedliche Signale kommen. Aus der Lektüre der Schriften von Elisabeth Badinter, einer der bekanntesten französischen Feministinnen, weiß ich noch, dass sie sich große Sorgen um die sexuelle Anziehungskraft von Müttern macht. Sie rät dazu, nach der Geburt nicht zur Glucke zu mutieren, schließlich sollen wir für unsere Männer immer noch sexuell anziehende Wesen bleiben. Ja was denn nun? Die Frau als allzeit bereites Sexualobjekt in der Ehe, das ist eine ganz schöne Rolle rückwärts.

Um den eigenen Geschlechtsverkehr politisch besser einordnen zu können, hilft auch die Lektüre des Berliner „Gender Manifest"[118], erstellt 2006 von einer Gruppe „*gendertheoretisch* und -politisch engagierter WissenschaftlerInnen und PraktikerInnen". Praktiker sind ja immer gefragt, wenn es darum geht, Hand anzulegen. In dem Manifest ist wunderbar erklärt, dass selbst das biologische Geschlecht konstruiert ist und selbstverständlich auch das sexuelle Begehren. Dass ich auf Männer stehe, ist also einfach nur ein Produkt meiner stereotypen Sozialisation als Frau. Das haben die Kerle ja gut hingekriegt. Es kann ja nicht angehen, dass wir einfach über jemanden herfallen, den wir attraktiv finden; erst mal müssen wir dekonstruieren, ob unser Begehren nicht etwa das schädliche Produkt unserer Erziehung ist und wir nicht besser jemand anderen begehren sollten.

Alter schützt vor Gender nicht

Genau hier setzt auch Bascha Mika an, allerdings aus einer anderen Motivation heraus. Ein bisschen weinerlich hatte sie vergangenes Jahr eine „Altersdiskriminierung"[119] bei Frauen bemängelt, da ältere Frauen an Attraktivität verlieren und deswegen nicht selten allein bleiben. Daran schuld sei aber nicht etwa die unvermeidliche Biologie, sondern Schönheitsideale, die sich seit Jahrtausenden nicht bewegen und dazu führen, dass wir Frauen eben aussortiert werden, wenn wir alt und hässlich sind.

Da ist er wieder, der sogenannte „Lookism", der nur nach dem Äußeren schielt und dem jungen hübschen Gemüse einen unfairen Standortvorteil auf dem Paarungsmarkt sichert. Nur dass diesmal nicht Pummelchen, sondern Alte diskriminiert werden. Merken Sie, wie die „Intersektionalität" mit schlafwandlerischer Sicherheit immer neue Opfergruppen sucht? Alte Frauen sind also deswegen unattraktiv, weil man sie dafür hält, während ein George Clooney einfach nur reift wie ein guter französischer Wein. Alte Männer schnappen sich jüngere Frauen, alte Frauen bleiben allein. Klingt wirklich unfair. Ab 55 steige die Kurve der alleinstehenden Frauen scharf und steil an, so Mika. Diejenigen, die es wollen, sollten „eine Chance bekommen, einen neuen Liebsten zu finden". Das klingt fast schon nach feministischer Partnervermittlung.

Aber ist es wirklich nur eine Frage der Sozialisation, dass älteren Frauen erotische Ausstrahlung und Sexualität abgesprochen wird, wie Mika behauptet? Es hat was von einer Verzweiflungstat, wie sehr manche Menschen bemüht sind, uns aus geschlechtergerechten Motiven sogar unsere Lust zu dekonstruieren. Einem Mann abtrainieren zu wollen, dass er junge Frauen hübsch oder gar anziehend findet, ist, als wolle man einem Raubtier das Jagen abgewöhnen. Sie erlegen auch im Alter immer noch bevorzugt junge Frauen, aus einem einzigen Grund: weil sie es heute können. Man gilt schon fast als altmodisch, wenn man die lebenslange Ehe noch verteidigt, weil die moderne Gesellschaft es inzwischen erlaubt, dass wir aus langjährigen Beziehungen ausbrechen und neue eingehen, auch noch im Alter. Die Christian Wulffs von heute werden dafür gefeiert, die jungen Bettys auch. Jedenfalls so lange das Geld und die Macht reichen. Sonst wird es auch für die alternden Wölfe nicht gerade gemütlich und auch mal einsam im Alter.

Das Dumme an der sexuellen Revolution ist, dass sie nicht nur die Sexualität der Frauen befreit hat, sondern die der Männer auch. Kein Mann muss heute mehr Verantwortung, eine Beziehung oder gar die Ehe eingehen, um das zu bekommen, was er will. Hat man das nicht auch als Errungenschaft für die Frauenseite gefeiert? Sex getrennt von Liebe. Das ist doch modern, wenn sich eine Frau einfach nimmt, wen oder was sie will, und sei es für eine Nacht. Heute gilt das als sexy, früher galt man dafür als „Schlampe".

Auch Frau Mika sagt: „Beziehung nicht um jeden Preis". Gilt dann aber auch für Männer. Die haben eben gut zugehört bei dieser ganzen Befreiung, und der Preis sind verlassene Erstfrauen. Wegen einer Schöneren oder einer Jüngeren, und das ist dann wieder Biologie. Da beklagt Frau Mika, dass „viele Männer es für selbstverständlich halten, dass Frauen ihnen zur Verfügung stehen"[120]. Darüber sollte sie dringend einmal mit Badinter sprechen.

Aber man kann es auch anders sehen: Frauen verschenken heute ihre Sexualität ohne Gegenleistung. Sex ist immer noch Macht, da haben die Damen Feministinnen ausnahmsweise recht, auch wenn sie nur die männliche meinen. Ich rede von der weiblichen Macht der Sexualität. Früher wusste Frau diese strategisch zu nutzen. Das muss einem nicht gefallen, es ist aber nicht zu leugnen. Sex sells, und wie wirklich dumme kleine Mädchen haben wir diese Macht verspielt und uns dabei einreden lassen, man habe uns befreit.

Als Nachtrag sei noch angemerkt, dass mit dem Wort „Schlampe" nach wie vor etwas Konfliktpotenzial verbunden ist. Zwar veranstalten manche Frauen sogenannte „Slut Walks" als Demo in Unterwäsche, um für das Recht zu kämpfen, wie Schlampen herumlaufen zu dürfen, aber wehe, man bezeichnet sie als solche. Merke: Wenn eine Frau sich selbst Schlampe nennt, dann ist es ein emanzipatorischer Akt. Wenn ein Mann sie Schlampe nennt, dann ist er Sexist.

Auch Schwule sollten Frauen sein

Es ist also nicht einfach mit dem geschlechtergerechten Geschlechtsverkehr, deswegen sollten wir allen dankbar sein, die sich darüber eingehend Gedanken machen. Richtig kompliziert wird es, wenn man Sex unter Männern politisch korrekt dekonstruieren will. Da sind ja gleich zwei Penetranten im Spiel! Der schwule Mann, der seine Männlichkeit zelebriert, ist dann nur um Haaresbreite entfernt von dem bösen weißen Hetero-Mann. Mann ist Mann.

Aber selbst innerhalb dieser Szene sind manche verstrickt in homosexuelle Rollensterotypen. Wir kennen das ja schon von der „Butch" und der „Femme" bei den Frauen. Doch auch in der männlichen Homosexualität quälen sich offenbar manche mit der weltbewegenden Frage: oben oder unten liegen? So erfahren wir aus dem Portal queer.de[121], dass die Frage „Top" oder „Bottom" nicht nur eine sexuelle Rolle beschreibe, sondern auch Eigenschaften zuweise. Aha … dem Bottom komme demnach unterschwellig eine feminine Rolle zu, man dichtet ihm weibliche Eigenschaften wie „weich", „süß" und „passiv" an, während der „Top" komplett die „Machoschiene" bediene.

„Wer von euch beiden ist die Frau?", ist also gar keine so blöde Frage, die einen als homophobes Greenhorn outet, sondern sogar Stoff für gendertheoretische Grundlagenforschung. Man sieht, nicht nur die Heteronormativität ist voller Missverständnisse, auch an der Queer-Front hat man es nicht leicht. Deswegen plädiert man jetzt auch für das Aufbrechen von schwulen Stereotypen.

Ich hätte es ja nie gedacht, aber das Ganze führt tatsächlich dazu, dass ich mir ausnahmsweise mal mit homosexuellen Lobbyisten wie David Berger einig bin. Er ist Chefredakteur des Schwulenmagazins „Männer". Auch dort bezeichnete man mich schon als irgendwie gefährliche Person. Herr Berger und ich teilen also in der Regel nur eine gegenseitige Abneigung und das Kolumnenschreiben bei dem Debattenmagazin The European. Aber auch ihm schwant langsam[122], dass diese ganze Dekonstruktion von Geschlecht, die von einer queeren Lobby-Front vorangetrieben wird, auch mit seiner schwulen Männlichkeit auf dem Kriegspfad ist.

In einem Beitrag über die Frage, welche Männertypen unter Schwulen gerade angesagt sind, erfahren wir, „haarig und männlich" sei derzeit hoch im Kurs in der Clubszene. Aus Frauenperspektive kennt man ja in Bezug auf Schwule oft nur die Kategorie „Um den ist es echt schade", denn viele sehen wirklich fantastisch aus, doch ich will nicht abschweifen. Denn wir erfahren auch, bei schwulen Männern seien „die typisch männlichen Attribute besonders begehrt, ganz unter dem Motto: ‚Ich bin schließlich schwul, weil ich auf echte Männer stehe!'" Damit hat der schwule Mann übrigens auch ziemlich viel gemein mit der Hetero-Frau, das aber nur am Rande.

Echte Männer sind aber bei den Freunden der Geschlechts-Dekonstruktion nur ein Produkt schädlicher Erziehung und gehören abgeschafft. Anscheinend existiert derzeit nur deswegen noch eine Schonfrist für schwule Männlichkeit, weil man diese auf der eigenen Seite in der Opfer-Gruppe wähnt. Dabei könnte das Anmeldeformular der Grünen Jugend mit „weiblich" und „nicht weiblich" eigentlich schon ein deutlicher Hinweis sein.

Auch die Einigelung der Lesben auf dem eigenen Friedhof in Berlin, wo für Schwule kein Plätzchen freigeräumt wird, ist ein

Vorbote. Oder, um es laut Berger mit den Worten eines „altgedienten Schwulenaktivisten" zu sagen: „Letztlich zielen die Gender-Leute doch auf eine Abschaffung der Männlichkeit und damit auch schwuler Lebenswelten. Wenn es gesellschaftlich keine Männer und Frauen mehr gibt, sondern nur noch Unisex-Wesen, dann gibt es eben auch – soziologisch gesehen – keine Schwulen mehr." Richtig, Herr Berger, aber verdammt spät erkannt!

Ich nehme an, dass diese Herren möglicherweise auch noch nie etwas von Sally Miller Gearhart gehört haben, sonst hätten sie den Ernst der Lage schon vor längerer Zeit begriffen. Sie ist britische lesbische Frauenrechtlerin und sorgte bereits 1982 mit einem Essay für Unruhe, unter dem Titel „The Future – if there is one – is Female". Also, wenn es eine Zukunft gibt, dann wird sie weiblich sein.

Auf diesem Weg sind wir ohne Zweifel gerade. Doch Gearhart ging noch einen Schritt weiter: Sie stellte die Forderung auf, die männliche Bevölkerung auf 10 Prozent zu reduzieren. Logisch, wenn man sie nicht mal mehr zur sexuellen Vergnügung braucht, dann kann man sie auch ganz abschaffen. Und für das bisschen Fortpflanzung reichen die 10 Prozent Samenhengste allemal aus. Man sieht, von den „Schwanz ab"-Rufen ist es nicht weit bis „Kopf ab".

Wenn der Mann aber erst mal als Samenspender und Hausmann domestiziert wurde, wird sich die eine oder andere Frau vielleicht doch noch mal traurig an frühere Zeiten erinnern. Vielleicht schlägt dann aber wieder einmal eine große Stunde für die Firmengruppe der unvergessenen Beate Uhse, wenn es in ihren Shops aufblasbare männliche Alphatiere zu kaufen gibt.

Apropos Deckhengst, genau genommen sind wir heute doch schon dabei, den Mann aus der Familienplanung auszusortieren. Die moderne Familie würfelt sich selbst zusammen. Jeder,

der Familie sein will, ist Familie. Analog: Jeder, der Eltern sein will, ist Eltern.

„Della hat offiziell drei Eltern" prallte es mir vergangenes Jahr aus dem Internet entgegen. Die kleine Della weiß davon noch nichts, aber sie hat auf dem Papier zwei Mamis und einen Papi. In Kanada lässt sich das bereits amtlich eintragen, sogar ein viertes Elternteil wäre noch drin gewesen. Und gleich zu Beginn des Jahres erfreute uns die BILD mit der herzerwärmenden Geschichte, dass die Kölner Grünen-Chefin Marlies Bredehorst und ihre Partnerin, die evangelische Pastorin Eli Wolf-Bredenhorst, noch mal Mutter und Mutter werden, im Alter von 58 und 49 Jahren. Wie Mutti Eli schwanger wurde, darüber wollen sie nicht sprechen, aber fällt Ihnen was auf: Es wird kein Vater erwähnt.

In Birmingham wurde im Oktober 2014 eine neue Skulptur eingeweiht mit dem Namen „Real Family". In Lebensgröße zeigt es zwei Single-Mütter, eine davon schwanger, und zwei Kinder. Da war man auch in Birmingham ein bisschen irritiert, ob die 100 000 Pfund an öffentlichen Geldern wirklich so gut eingesetzt waren[123], denn so mancher Brite suchte vergeblich nach dem Vater in dieser Konstellation. Eine Nummer in der Samenbank lässt sich aber wohl schlecht in Bronze gießen. Schöne neue Familienwelt.

Dass jetzt plötzlich alle heiraten wollen, ist ja nicht einem Revival der christlichen Sakramente zu verdanken, sondern eher ein alternativer Weg, wie man die traditionelle Ehe von Mann und Frau und ihr exklusives Dasein unterlaufen kann. Um es also abschließend mit den Worten der jungen Grünen zu sagen: Wenn sich jetzt alle „ficken können", dann können sich auch alle gegenseitig heiraten. Oder auch mehrere. Das war es dann mit dem Sonderstatus Ehe. Der politisch korrekteste Sex wird in Zukunft vermutlich darin bestehen, gar keinen mehr zu praktizieren, das vermeidet Fettnäpfchen und wir lassen uns alle nur noch bei Bedarf künstlich befruchten. So spart man sich Diskussionen über männliche und weibliche Stellungen und dank „Social Freezing" können wir das Kinderkriegen auch auf das Rentenalter verschieben.

Epilog
Ja, ist denn alles schlecht an Gender?

Dass nicht alles, was sich Gender und sexuelle Vielfalt nennt, wie Gold glänzt, sollte inzwischen klar sein. Bestätigung kommt übrigens ausgerechnet auch aus dem Feministinnenblatt „Emma" in seiner Januar/Februar-Ausgabe 2015[124]. Unter dem Titel „Kinderfreunde – es geht weiter" empört sich das Magazin über das Revival der Sexualpädagogik von Helmut Kentler, die jetzt mit Sielert, Tuider und Konsorten neu belebt wird.

Nun kann man von Alice Schwarzers Blatt halten, was man will – dieses Thema der pädophilen „Kinderfreunde", die sich auf dem Weg der Sexualpädagogik den Zugang zu kindlicher Sexualität öffnen, hat man bei *Emma* jedenfalls schon 1993 das erste Mal kritisch aufgegriffen. Genutzt hat es, wie man sieht, leider nichts. Ehrenhaft ist es dennoch.

Gleichzeitig zeigt es das Dilemma auf, das entsteht, wenn im Namen eines undefinierbaren Begriffes wie „Gender" eine Wunschtüte gefüllt wird und am Ende keiner mehr sagen kann, was darin gut ist und was nicht. Da nehme ich doch gerne hin, dass mich die *Emma*-Redaktion im oben zitierten Artikel als „Fundamentalistin" beschimpft, denn im Grunde gibt man mir mit meiner Gender-Kritik zum Teil ja recht. Fakt bleibt: Dem Übel wird zum Erfolg verholfen, wenn es in freundlicher

Begleitung harmloser Begrifflichkeiten daherkommt. Wer soll da noch erkennen können, wes Geistes Kind die verschiedenen Genderkämpfer so sind, die uns mit ihrer „Forschung" zwangsbeglücken, wenn all die Seltsamen und selbst die Pädophilen-Freunde auf den Gender-Zug mit aufgesprungen sind?

Unbestreitbar wird im Namen von Gender Mainstreaming unfassbar viel Unfug verbreitet und noch viel mehr Geld aus dem Fenster geschmissen. Und doch bleibt am Ende die Frage: Ja, ist denn alles schlecht an Gender?

Immer wieder treffe ich auf besonders engagierte Damen, die mir dann versichern, aber dieses und jenes Frauenprogramm sei doch eine gute Sache, was ich denn dagegen hätte? Das berühmte „Ich verstehe unter Gender Mainstreaming das und das". Nichts an Ihrer Frauenförderung ist falsch, meine Damen, außer vielleicht, dass Ihnen die Männerförderung nicht auch in den Sinn kommt. Aber was genau hat das mit Gender Mainstreaming zu tun? Warum nennen wir es nicht weiterhin Frauenförderung, wie wir es früher auch getan haben? Schließlich soll es ja Frauen, und zwar nur Frauen, biologisch zu betrachtenden Frauen inklusive Gebärmutter, zugute kommen. Das hat mit Gender nun wirklich rein gar nichts gemein, denn Gender bezeichnet das „soziale" Geschlecht.

Diese „Es ist ja nicht alles schlecht"-Debatten erinnern auch ein bisschen an die DDR-Nostalgie, denn auch da, trotz allem, war ja nicht alles schlecht. Doch auch Spreewaldgurken und Rotkäppchensekt können nicht dauerhaft über den Unrechtsstaat der DDR hinwegtrösten.

Und so kommen auch die Erziehungswissenschaftler daher, die sagen: „Wir machen doch spezielle Genderprogramme, um geschlechtsspezifisch auf Jungs und Mädchen unterschiedlich einzugehen." Manche favorisieren nach wie vor den getrennten

Unterricht von Mädchen und Jungs, eben wegen der Unterschiede. Auch hier die Frage: Was hat das mit Gender zu tun, dem „sozialen" Geschlecht? Die Klassen werden ja nicht nach persönlichen Befindlichkeiten geteilt, sondern explizit nach biologischem Geschlecht. Mir ist jedenfalls noch kein einziger Fall bekannt, in dem ein Junge verlangt hat, in einer Mädchenklasse aufgenommen zu werden. Das heißt: Auch hier teilen wir biologisch zwischen „mit und ohne Gebärmutter". Man nimmt also explizit zur Kenntnis, dass die Unterschiedlichkeit im Lernen sich aus der biologischen Unterschiedlichkeit ergibt und nicht etwa aus dem sozialen Geschlecht.

Oder die Mediziner kommen und sagen: „Wir machen Gender in der Medizin, denn Frauen sind anders als Männer." Wie lange wurden Herzinfarktsymptome von Frauen nicht erkannt, weil sie sich bei ihnen ganz anders äußern als bei Männern und man nur nach männlichen Risikofaktoren bei Frauen gesucht hat? Inzwischen ist die Medizin weiter und hat unterschiedliche Ansätze und sogar Medikationen, je nachdem, ob Frauen oder Männer betroffen sind. Und auch das ist gut, denn es entspricht der Wahrheit. Aber was genau hat es mit Gender zu tun, dem sozialen Geschlecht? Wer biologisch eine Frau ist, muss medizinisch als Frau behandelt werden, weil man ihr sonst möglicherweise sogar die richtige Behandlung vorenthält. Ja, dann sollten wir doch Frauenmedizin und Männermedizin gesondert betrachten. Aber auch hier bleibt am Schluss: Wir trennen nicht nach sozialen Befindlichkeiten, sondern nach „mit Gebärmutter und ohne".

Wenn nur die Biologie nicht wäre

Es fällt auf: Überall dort, wo man der Gender-Forschung etwas Positives abgewinnen kann, handelt es sich gar nicht um eine

Gender-Unterscheidung, sondern um eine biologische Unterscheidung. Weswegen der Begriff „Gender" gerade in der Medizin völlig fehl am Platz ist, denn dort dreht es sich explizit um die Biologie und nicht um Gender.

Die Biologie ist nicht der Feind. Sie ist. Wir sollten uns also mit ihr anfreunden, anstatt sie zu verteufeln, denn sie setzt sich am Ende immer durch. Sie wird immer sein, selbst wenn wir uns auf den Kopf stellen, uns umbenennen oder versuchen, uns ganz neu zu erfinden. Andersherum wird also ein Schuh draus: Wer die Biologie ignoriert, hat ein Problem. Ja, ja, ich weiß, gleich wird wieder jemand das Totschlagwort „biologistisch" brüllen. So wie es immer ist, wenn in einer Gender-Debatte jemand auf die Biologie verweist.

Ich kenne keinen Gender-Kritiker, der den soziokulturellen Einfluss auf den Menschen verneint, weil es ihn selbstverständlich gibt. Wir sind alle auch Produkt unserer Umwelt, unserer Kultur, unserer Religion, unserer Lebensumstände und unserer Erziehung. Wir alle sind kultivierte Naturwesen. Und ja, auch Sexualität muss kultiviert werden. Dass wir Vergewaltigung, also Sexualität gegen den Willen eines Beteiligten, als etwas Strafwürdiges betrachten, ist eine Kultivierung unserer Sexualität. Dass wir Sexualität mit Schutzbefohlenen und Kindern als etwas Strafwürdiges betrachten, ist ebenfalls eine Kultivierung. Lange Zeit galten in unseren Breitengraden gesellschaftlich anerkannte Regeln für Sexualität. Manche davon sind längst verändert, andere werden infrage gestellt:

– Die Generationengrenze, die besagt, dass Sexualität nicht innerhalb der Familie stattfinden sollte (Inzest). Diese Grenze wird inzwischen offen infrage gestellt, wie sowohl der Deutsche Ethikrat als auch Politiker wie Christian Ströbele fordern.

- Die Geschlechtergrenze (Homosexualität), die besagt, dass Sexualität zwischen verschiedenen Geschlechtern stattfinden sollte, diese Grenze ist bereits gerissen.
- Aber auch die Altersgrenze (Pädophilie), die sicherstellt, dass wir Sexualität nicht mit Kindern praktizieren. Auch eine Hürde, die gerade schrittweise gerissen wird, nicht indem man Pädophilie straffrei stellt, sondern indem man für die „sexuellen Rechte" von Kindern und Jugendlichen kämpft. Auch die sexuelle Belästigung unserer Kinder mit dem modernen Sexualkundeunterricht unter Missachtung der Schamgrenzen von Kindern ist nichts weiter als ein Wegbereiter zur Sexualität der Kinder.

Welche Hürde wird als Nächstes genommen? Dänemark und seine Tierbordelle als Exportschlager?

Im Gegenzug gibt es aber haufenweise Gender-Forscher, die genau diese Kultivierung gerade der Sexualität infrage stellen oder gar als schädlich betrachten, als Einengung der persönlichen Freiheit. So ist auch der Eifer erklärbar, mit dem man vor allem Kinder vor der Kultivierung durch Moral, Religion oder gar Elternhaus „schützen" will, um ihnen neue, angeblich freie Wege zur eigenen Sexualität zu eröffnen.

„Der Verlust des Schamgefühls ist das erste Anzeichen von Schwachsinn." Das Zitat stammt von Siegmund Freud und es sollte zu denken geben, dass das Schamgefühl von Schülern derzeit systematisch unterwandert wird.

Während meiner Schulzeit in Baden-Württemberg stand noch Aldous Huxleys Roman „Schöne neue Welt" auf dem Lehrplan. Heute läuft es einem kalt den Rücken runter, wenn man sich Huxleys Gesellschaftsutopie unter aktuellen Gesichtspunkten noch einmal vornimmt: Eine Gesellschaft, in der alle Kinder in staatlichen Brutstätten und später Kindergärten groß werden, wo sie entsprechend indoktriniert und konditioniert werden. Staatlich gewünschte Promiskuität, für Kinder antrainiert bei sexuellen Spielen im Garten, und für Erwachsene die „Orgy-Porgy"-Gruppen für Gruppensex. Schöne neue Welt. Nur mit Freiheit hat es nichts zu tun. Was gesellschaftliche Norm darstellt, wurde bei Huxley staatlich und von einer Minderheit vorgegeben.

Welche Grenzen und Hürden bei der sexuellen Kultivierung der Gesellschaft heute noch gehalten und gesichert werden, erlaubt sich ebenfalls eine Minderheit von Gender-Experten und Sexualpädagogen zu definieren – und das für uns alle. Was gerecht ist und was nicht wird ebenfalls von Minderheiten definiert. Wie Gleichstellung aussehen soll, was man noch wie sagen darf, ebenfalls eine Minderheit. Wer genau hat ihnen diese Definitions-Kompetenz übertragen? Ich nicht. Und auch sonst kein demokratisch gewähltes Organ.

Hier wird kein Volkswille dokumentiert, keine Revolution von unten durchgesetzt, kein Parlamentsbeschluss umgesetzt. Gender Mainstreaming wurde uns in einer klassischen „Top down"-Bewegung von oben auferlegt. Erstmals erwähnt in der Abschlussresolution der Weltfrauenkonferenz in Peking 1995 gelangte es bereits 1999[125] in den Amsterdamer Vertrag der EU, 2008 bestätigte der Lissaboner Vertrag die Verpflichtung der EU zu Gender Mainstreaming.

In Deutschland wurde Gender Mainstreaming niemals als neues Leitprinzip diskutiert. Es gibt keinen Parlamentsbeschluss dazu, es gab nicht einmal eine öffentliche Auseinandersetzung mit dem Thema. Das ist Politik in größtmöglicher „Basta!"-Manier und deswegen ist es vielleicht kein Zufall, dass unter der rot-grünen Kanzlerschaft von Gerhard Schröder im Jahr 2000 Gender Mainstreaming per Kabinettsbeschluss in der Novellierung

der „Gemeinsamen Geschäftsordnung der Bundesministerien"
verankert wurde. Alle Ministerien haben sich verpflichtet. Das
Volk wurde nie gefragt.

Nun arbeitet sich also eine ganze Gender-Industrie an dem
Beweis ab, dass der biologische Einfluss auf den Menschen irrelevant sei. Unsere Umwelt, unsere Gesellschaftsordnung, unsere Religion, unseren Kulturkreis – all das können wir ändern
oder verlassen. Hier will uns aber eine „Forschung" klarmachen,
dass mit unserem biologischen Geschlecht also ausgerechnet der
Teil von uns, der nun wirklich nicht im Stuhlkreis dekonstruiert
werden kann, das, was wir nicht ändern können –, angeblich das
größte aller Übel ist und deswegen weg muss. Weil er aber nicht
wegdiskutiert werden kann, wird er einfach als irrelevant erklärt.
Pippi-Langstrumpf-Logik. Was nicht gefällt, darf nicht sein.

Menschen als Frauen und Männer wahrzunehmen oder gar
anzusprechen darf nicht sein, denn es diskriminiert. Das ist so,
als müssten wir demnächst die Hautfarbe eines Menschen igno-
rieren, wissen wir doch: mit Migrationshintergrund hat man es
schwerer, die klassische Vielfachdiskriminierung. Wenn also ein
Schwarzafrikaner jetzt sagt, er sei weiß, dann muss ich das nicht
nur tolerieren, sondern auch akzeptieren, sonst diskriminiere
ich ihn. Die Hautfarbe gehört logischerweise auch abgeschafft.
Jeder hat die Farbe, die er will. Eine Farbe für alle. Mein Gott,
auch die Mitarbeiter in George Orwells Ministerium für Wahrheit hätten noch etwas lernen können.

Da wollen also manche die Biologie für irrelevant erklären –
allein der Beweis für diese bahnbrechende Theorie steht bis heute aus. Schlimmer noch: Alle anderen Wissenschaften bestätigen das Gegenteil. Die Biologie bestimmt unser Leben, ob wir
es wollen oder nicht, lieben oder hassen, damit zurechtkommen
oder daran zugrunde gehen. Solange Mann und Frau keinen

Weg finden, sich durch eigene Zellteilung fortzupflanzen – was in nächster Zeit nicht in Aussicht steht –, wird dieser biologische Unterschied zwischen Mann und Frau und die damit verbundene Fortpflanzung den Fortbestand der Zivilisation bestimmen.

Toleranz ist nicht genug

Ein ganzes Volk wird nun also seit über einem Jahr in eine Debatte um Toleranz und Akzeptanz gezwungen, denn wer die neue Gesellschaftsordnung und ihre messianischen Weissagungen zur Geschlechtervielfalt hinterfragt oder gar ablehnt, gilt neuerdings als intolerant. Schlimmer noch, er verweigert Akzeptanz. Denn merke: Toleranz war gestern. Wer heute nur bereit ist zu tolerieren, steht bereits auf der intoleranten Seite. „Bedingungslose Akzeptanz" ist die neue Maßeinheit für attestiertes Gutmenschentum. Auf der Internetseite der Heinrich-Böll-Stiftung heißt es: „Aber Toleranz ist immer das Tolerieren von etwas, das man ablehnt. Toleranz bedeutet implizit immer Regulierung eines Unbehagens."[126] Wer nur toleriert, ist also in klarer Beweisführung seines Unbehagens, seiner Ablehnung überführt.

Der Geschichtsdidaktiker Martin Lücke erklärte in einem Interview mit der ZEIT[127] über Sinn und Zweck von staatlich verordneten Gender-Theorien, man könne sagen, „Toleranz sei eher gleichgültig, während Akzeptanz eine gewisse Wertschätzung einschließe". Entsprechend ist eine Toleranz, die Homosexualität nur hinnimmt, eine „Toleranz durch Exklusion"; sie grenzt also aus, weil sie nicht zustimmt. Immerhin bestätigte Lücke in diesem Interview zumindest auch, dass die Frage der Gender-Theorie eine „Glaubensfrage" sei und versäumte nicht hinzuzufügen: „Ja, ich glaube daran."

Nahezu absurde Diskussionen habe ich zu diesem Thema bereits erlebt. Wie etwa in und auch noch nach der

Maischberger-Sendung zum Thema der Akzeptanz „sexueller Vielfalt" im Bildungsplan von Baden-Württemberg. Die Moderatorin war felsenfest überzeugt, dass zwischen Akzeptanz und Toleranz gar kein Unterschied bestehe; auch mein Hinweis auf den unterschiedlichen lateinischen Ursprung der Wörter überzeugte sie nicht. Ich empfahl dann eine Anschaffung des Dudens für die Redaktion. In einer Podiumsdiskussion im Rahmen der Bayreuther Dialoge 2013 erklärte mir die dunkelhäutige Professorin Peggy Piesche, die unter anderem „kritische Weißseinsforschung" betreibt, schon im Vorgespräch, dass ich aufgrund meines Weißseins „Gewalt ausübe" auf die Minderheit der Schwarzen. Wer zur Mehrheit gehört, ist also automatisch auf der Seite der gewalttätigen Unterdrücker und das qua Geburt. Erbsünde neu definiert.

Die Fraktionsvorsitzende der Grünen im sächsischen Landtag wiederum wollte in der Diskussion mit mir zwischen „aktiver" und „passiver" Toleranz unterschieden wissen. Wie man „aktiv" dulden kann, ist mir persönlich ein Rätsel. Worum es ihr aber eigentlich ging, war hervorzuheben, dass ihre eigene, aktive Toleranz ein Stück mehr sei als meine nur passive Toleranz.

Es bleibt angesichts der öffentlichen Debatte zu „sexueller Vielfalt" erstaunlich, mit welcher Vehemenz Toleranz inzwischen als ausgrenzendes Handeln definiert wird. Dabei ist es gelebte Demokratie. Niemand würde im Deutschen Bundestag verlangen, dass die Regierung die Meinung der Opposition gefälligst zu akzeptieren habe. Was im Übrigen das Ende jeglicher Toleranz bedeuten würde. Denn wenn die Meinung einer Minderheit neuerdings die Mehrheit regiert, dann nennt man das Diktatur.

Toleranz ist zudem keine Einbahnstraße. Unhinterfragt wird immer davon ausgegangen, dass Toleranz und Akzeptanz immer nur von der Mehrheit den Minderheiten zu gewähren sei. Was ist, wenn sich die Mehrheit einmal auf den Standpunkt stellt, dass die Minderheiten die Meinung der Mehrheit zu akzeptieren haben? Das Geschrei wäre groß. Es fordert auch niemand Toleranz für die Minderheit im Land, die Straftaten verübt. Stattdessen tun wir hier genau das, was geboten ist: Wir unterscheiden zwischen Mensch und Handlung. Auch der Mörder und Vergewaltiger ist immer noch Mensch wie du und ich, dem ich seine Würde weder nehmen noch absprechen kann.

Die Vielfalt menschlichen Handelns und Seins kann nur dann in einem freien, demokratischen Land gewährleistet werden, wenn wir Toleranz als das begreifen was sie ist: Die Fähigkeit, hinzunehmen, dass man sich nicht einig wird, dem anderen aber dennoch mit Respekt zu begegnen.

Und so besteht das größte Problem im Geschlechterkampf heute nicht mehr im Unterschied zwischen Mann und Frau, sondern im Unwillen einer Minderheit, diesen Unterschied anzuerkennen. Frauen sind anders, Männer auch. Großartig! Das macht doch den Reiz aus. Es ist Biologie, es ist Natur, manche sagen, es sei gottgewollte Schöpfung. Am Ende bleibt: Es ist, wie es ist.

Frauen sind anders, Männer auch

Dass Gender Studies im Bereich der Soziologie angesiedelt sind, erscheint dann nahezu als Treppenwitz. Soziologische Studien befassen sich mit der Sozialisation des Menschen. Gender Studies hingegen sind die Verneinung von Sozialisation. Sie sind die Verhinderer von Sozialisation. Die Verleugner der menschlichen Natur. Sie wollen einen wesentlichen Aspekt unseres Menschseins, unser biologisches Geschlecht, nicht mehr sozialisieren, sondern uns davon befreien. Mitbefreien will man uns im gleichen Atemzug natürlich von den sozialen Strukturen, die sich aus der Bipolarität der Geschlechter ergeben: Der Beziehung von Mann und Frau als vorherrschende gelebte Normalität weltweit, die biologische Komponente von Elternschaft und Abstammung und alle Beziehungsstrukturen, allen voran die Ehe, die sich aus dieser Bipolarität definiert.

Zufrieden werden sie erst sein, wenn auch diese Normalität aufgebrochen ist, zugunsten welcher Lebensformen auch immer. „Alles kann, nichts muss"-Logik. Denn nichts anderes bedeutet diese völlige Abstraktion von Geschlecht, die Loslösung, die man fordert, die Befreiung aus der „Zwangsheteronormativität". Wer aber sein Geschlecht nicht mehr sozialisieren darf, ist nicht befreit, sondern eines Teils seiner Identität beraubt. Auch Mannsein und Frausein will sozial erprobt und gelernt sein. Wenn meine Sechsjährige bei uns zu Hause durchzählt und mir erklärt, sie sei ein Mädchen, so wie die Mama und ihre große Schwester, und Papa sei ein Junge, so wie ihre Brüder, dann ist sie in ihrer kleinen Welt nicht etwa gefangen und ihre sexuelle Entwicklung gestört – nein, sie ist glücklich und zufrieden. Sie hat sich eingeordnet in die Welt. Das gibt Sicherheit und Stabilität. Aber auch Identifikation und Abgrenzung. Welchen Nutzen hätte sie davon, ihr Mädchensein infrage zu stellen?

An dieser Stelle erfolgt in der Regel der Aufschrei bezüglich „sexistischer Stereotype". Wieder so ein konstruierter Vorwurf, demzufolge jedes typisch männliche und weibliche Verhalten immer sexistisch und selbstredend immer stereotyp sei, woraus dann ein dringender Handlungsbedarf abgeleitet wird, wahlweise ein Budget. Wer genau definiert denn, welches Verhalten mich als Frau glücklich machen darf und welches nicht? Der Europarat etwa oder die Gender Studies? Vielleicht ist es auch einfach nur normal? Erfüllend, glücklich machend, beruhigend. Warum darf eine Frau nicht apfelkuchenbackend und schön sein, wenn sie damit glücklich ist? Und warum darf ein Mann nicht Macho sein, wenn er drauf steht – und seine Frau möglicherweise diese Ansicht auch noch teilt?

Es ist zwar nahezu rührend, wenn Frauen wie Ursula von der Leyen in Interviews davor warnen, dass Männer möglicherweise keine Partnerinnen mehr finden, wenn sie ihr stoisches Dinosaurierverhalten nicht ändern und sich weigern, zu einem der neuen modernen Männer zu mutieren[128]. Ja, wirklich nett, dass sie die Männerwelt vorwarnt.

Allerdings sprechen die Fakten eine andere Sprache, wenn man samstags in der Disco steht und auch die letzten Macho-Vollpfosten immer noch mehr Aufmerksamkeit von Mädels abbekommen als der stille Frauenversteher am Rand der Tanzfläche. Das muss einem nicht gefallen, man muss es nicht verstehen und man darf sich sogar darüber empören. Über die Frauen, die als Klischee durch die Welt rennen und die Männer, die das Klischee kultivieren.

Aber es gibt keinen Staatsauftrag zur Definition von Glück. Es gibt auch keinen Staatsauftrag zur Beseitigung von Klischees – in denen es sich offenbar nicht selten auch noch glücklich lebt. Es gibt keinen Staatsauftrag zur Definition von Stereotypen und keinen Staatsauftrag, uns zu anderen Menschen zu formen. Das Volk ist der Souverän und dieses Volk hat Gender Mainstreaming nie verlangt und nie legitimiert.

Bevor also ein neues Leitprinzip in unserer Politik umgesetzt wird – und Gender Mainstreaming gilt als Leitprinzip der Politik –, wäre es doch ganz freundlich gewesen, das Volk nach seiner Meinung zu fragen. Warum wird bis heute eine offene Diskussion zu einem Leitprinzip verweigert, das nicht nur in der Politik, sondern bis in unser privates Leben greift? Ein Prinzip, das unsere bevorzugten Lebensformen, unsere Moralvorstellungen, unsere Traditionen, unsere Kultur und unsere Religion infrage stellt. Ein Prinzip, das nun in Schulen, Kirchen, Unternehmen, Vereinen, in Haushaltsplänen und Lehrplänen umgesetzt wird. Ohne Diskussion, ohne Parlamentsdebatte und fast unbemerkt von einigen wenigen unter dem Deckmantel der „Frauenförderung" vorangetrieben.

Es sind hauptsächlich Frauen, die von Anfang an die treibende Kraft dahinter waren. Gender Studies? Eine Frauendomäne, mehr noch: eine Domäne von Frauen, von denen viele ganz offensichtlich ein Problem mit Heterosexualität und mit Männern haben. Die ihr persönliches Empfinden aber inzwischen als gesellschaftliches bezeichnen. Wenn das Volk nicht zur Ideologie passt, gibt es nur zwei Möglichkeiten: Entweder, man ändert die Ideologie – oder das Volk. Gender Mainstreaming hat die zweite Variante gewählt.

Es ist Zeit, dass das Volk widerspricht.

Quellenhinweise

1   Bündnis 90/ Die Grünen: „Soziale Elternschaft stärken"; 2. Juli 2013; Link: www.gruene-bundestag.de/themen/familie/soziale-elternschaft-staerken_ID_4384153.html

2   „Briten planen Embryo mit drei Eltern"; Spiegel online, 9. September 2005; Link: www.spiegel.de/wissenschaft/mensch/kuenstliche-befruchtung-briten-planen-embryo-mit-drei-eltern-a-373856.html

3   „Schlechtere Note ohne Binnen-I", Kleine Zeitung Österreich online; 31. Oktober 2014; Link: www.kleinezeitung.at/k/politik/innenpolitik/4574205/Schlechtere-Note-ohne-BinnenI

4   „Stadt löscht halben Gutmenschen-Duden"; Bild Düsseldorf; 25. März 2014; Link: www.bild.de/regional/duesseldorf/duden/wird-nach-kritik-zur-haelfte-geloescht-35209506.bild.html

5   „Der Altweibersommer ist nicht frauenfeindlich"; Urteil des Landgerichts Darmstadt vom 2. Februar 1989, Az. 3 O 535/88; Link: www.anwaltseiten24.de/pressemitteilungen/artikel/news/der-altweibersommer-ist-nicht-frauenfeindlich-1.html

6   Offener Brief anlässlich der Sexismus-Debatte an Bundespräsident Joachim Gauck; 3. März 2013; Link: http://alltagssexismus.de/gauck

7   „Schweden führt geschlechtsneutrales Personalpronomen ein"; FAZ online, 30. Juli 2014; Link: www.faz.net/aktuell/gesellschaft/bjoern-anni-frid-und-hen-schweden-fuehrt-geschlechtsneutrales-personalpronomen-ein-13073082.html

8   „Butch" und „Femme" auf Wikipedia: http://de.wikipedia.org/wiki/Butch_und_Femme

9   „Girlfag" und „Guydyke" auf Wikipedia; Link: http://de.wikipedia.org/wiki/Girlfag_und_Guydyke

10   Magazin „Queerulant_In – Queere Politiken und Praxen" Ausgabe Dez. 2013/Jan. 2014; Download-Link: http://www.queerulantin.de/wp-content/uploads/2014/01/Queerulant_in-Ausgabe-6-Lesbar2014.pdf

11   Frage der Woche auf Sueddeutsche.de: Gibt es das „Schwulen-Gen"?; 17. Mai 2010; Link: www.sueddeutsche.de/wissen/frage-der-woche-gibt-es-das-schwulen-gen-1589374

12   „Grüne wollen ‚Heilung' von Homosexuellen verbieten", Focus Online; 16. Juli 2014; Link: www.focus.de/politik/deutschland/therapien-gegen-homosexualitaet-gruene-wollen-homo-heilungen-per-gesetz-verbieten_id_3994703.html

13   „Dänemark debattiert über legale Sodomie"; Welt online; 13. September 2014; Link: www.welt.de/vermischtes/article132215526/Daenemark-debattiert-ueber-legale-Sodomie.html

14   „Feministinnen kritisieren rosa Überraschungseier", Focus online, 23. August 2012; Link: www.focus.de/panorama/welt/sex-sells-kinderspielzeug-feministinnen-kritisieren-sexy-kinderueberraschung_aid_805461.html

15   Pink Stinks Hamburg; Link: https://pinkstinks.de

16 „Swedish boys' new hero: Pram-pushing Spiderman", TheLocal.se, 30. März 2012; Link: www.thelocal.se/20 120 330/39 988

17 „Toys ‚R' Us scolded for gender discrimination", TheLocal.se; 6. Oktober 2009; Link: www.thelocal.se/20 091 006/22 504

18 Gesetz zur Gleichstellung von Frauen und Männern in der Bundesverwaltung und in den Gerichten des Bundes (Bundesgleichstellungsgesetz – BGleiG), Ausfertigungsdatum: 30. November 2001; Link: www.gesetze-im-internet.de/bundesrecht/ bgleig/gesamt.pdf

19 Organigramm des Bundesministeriums für Familie, Senioren, Frauen und Jugend; Link: www.bmfsfj.de/RedaktionBMFSFJ/Internetredaktion/Pdf-Anlagen/pdf-organigramm

20 Dr. Angela Icken: „Jungen und junge Männer im Fokus der Gleichstellungspolitik – Welche Ziele verfolgt eine emanzipatorische Männer- und Jungenpolitik?", Bonn im Dezember 2013

21 Harald Eia: Das Gleichstellungs-Paradox (1) bei Youtube. Originalversion mit deutschen Untertiteln; Link: www.youtube.com/watch?v=mguctw0i-rk

22 Sebastian Scheele: „Aus für Gender"? Ein deutscher Mythos über einen norwegischen Komiker; Gastbeitrag auf http://genderbuero.blogspot.de

23 Abschlusskongress „Gender-Schule-Chancengleichheit?!" des Projektes „Aktuelle Ungleichzeitigkeiten von Geschlechterkonzepten im Bildungsbereich – eine Gefahr für die Chancengleichheit?", 5. Juni 2014, Paderborn; Link: www.genderkongress-paderborn.de

24 „NRW Schulministerin fordert getrennten Unterricht", in Die Welt online, 4. Juni 2012; Link: http://www.welt.de/regionales/duesseldorf/article106 413 713

25 Elisa Streuli: „Die gläserne Drehtür", Handelszeitung, Schweiz, Ausgabe 47, 20. November 2014

26 Elisa Streuli, Dozentin, Institut für angewandte Psychologie, Zürich. Buchautorin: „Mit Biss und Bravour – Lebenswege von Topmanagerinnen" (Orell Füssli Verlag)

27 „Quoten-Rolle rückwärts: Die meisten Managerinnen wollen einen Mann als Chef" aktuelle Führungskräftebefragung der Baumann Unternehmensberatung; 3. November 2014; Link: www.presseportal.de/pm/110 533/2 870 018

28 „Lesbische und schwule Lebensweisen" – Handreichung für die weiterführenden Schulen; Herausgegeben vom Landesinstitut Schule und Medien, Berlin-Brandenburg (LISUM) Schule; http://www.berlin.de/imperia/md/content/lb_ads/ gglw/themen/lesbische_und_schwule_lebensweisen_2010_ohne_cartoons. pdf?start&ts=1 304 514 055&file=lesbische_und_schwule_lebensweisen_2010_ohne_ cartoons.p

29 ebenda, Seite 78

30 Christoph Wöhrle: „Dialektik der Aufklärung"; Zeit online, 12. Juli 2014; Link: www.zeit.de/2014/26/pornografie-jugendliche-aufklaerung

31 Marco von Evers: „Erregung im Schattenreich", Spiegel online, 7. April 2014; Link: www.spiegel.de/spiegel/print/d-126 393 834.html

32 Prof. Dr. habil Kurt Starke: „Pornografie und Jugend – Jugend und Pornografie" Expertise vom 14. März 2010; veröffentlicht bei Huchmedien.de; Link: www.huch-medien.de/expertisen/expertise_Pornografie.pdf

33 „Verbote? Hinderlich" – Interview mit Prof. Kurt Starke auf Zeit online; 18. Juni 2014; Link: www.zeit.de/2014/26/pornografie-jugendliche-interview-kurt-starke

34 Projekt „Schule der Vielfalt – Schule ohne Homophobie"; Link: www.schule-der-vielfalt.de/

35 Schwul Lesbisch Bi Trans* Aufklärung Projekt „SchLAu NRW"; Link: www.schlau-nrw.de/index_ueber-uns.htm htm

36 Medienkoffer „Familien und vielfältige Lebensweisen" für Kindertageseinrichtungen; Als Download-Link: www.queerformat.de/fileadmin/user_upload/news/ Begleitmaterial_Kita-Koffer.pdf

37 „Schulfach: Schwul", Berliner Zeitung online; 20. Juni 2011; Link: www.bz-berlin.de/artikel-archiv/schulfach-schwul http://www.bz-berlin.de/artikel-archiv/schulfach-schwul

38 Sexualpädagogik der Vielfalt: Praxismethoden zu Identitäten, Beziehungen, Körper und Prävention für Schule und Jugendarbeit, Verlag Juventa; 14. Oktober 2008; Elisabeth Tuider, Stefan Timmermanns

39 Antje Schmelcher: „Unter dem Deckmantel der Vielfalt"; FAZ online, 14. Oktober 2014; Link: www.faz.net/aktuell/politik/inland/experten-warnen-vor-zu-frueher-aufklaerung-von-kindern-13 203 307.html

40 Vita von Prof. Dr. Uwe Sielert; Link: www.sielert.uni-kiel.de/abteilung.htm

41 Nina Apin und Astrid Geisler: „Der Versuch", taz.de, 14. September 2013; Link: www.taz.de/1/archiv/digitaz/artikel/?ressort=hi&dig=2013%2-F09%2F14%2Fa0045&cHash=e431 505 422dca932c87 867e053c44fd3

42 ebenda

43 Helmut Kentler auf Wikipedia, Link: http://de.wikipedia.org/wiki/Helmut_Kentler

44 „Jugendliche gucken doch eh Pornos", Interview mit Prof. Elisabeth Tuider, Spiegel online; 13. November 2014; Link: www.spiegel.de/schulspiegel/sex-aufklaerung-forscherin-tuider-ueber-streit-um-sexuelle-vielfalt-a-1 001 437.html

45 Rüdiger Lautmann: Nachruf auf Helmut Kentler, Aus: Mitteilungen der Humanistischen Union Nr. 202, Seite 26/27, veröffentlicht auf der Homepage der HU, Link: www.humanistische-union.de/publikationen/mitteilungen/hefte/nummer/nummer_detail/back/mitteilungen-202/article/nachruf-auf-helmut-kentler/

46 Antje Schmelcher: „Waldschlösschen", Frankfurter Allgemeine Sonntagszeitung vom 23. November 2014

47 Dokumentation der Arbeit des GenderKompetenzZentrum Berlin zwischen 2003–2010; Link: http://www.genderkompetenz.info/genderkompetenz-2003–2010/index.html

48 „Umstellung auf Warp-Antrieb": Laudatio von Renate Rampf zur Verleihung des Augspurg-Heymann-Preises an die Bundesverfassungsrichterin Susanne Baer, 30. Juni 2013, Bochum, Link: www.lsvd-blog.de/?p=6020

49 Ansprechmöglichkeiten für Prof. Lann Hornscheidt, veröffentlicht auf der Seite der Humboldt-Universität Berlin: „Eine mögliche Formulierung wäre dann z.B. ‚Sehr geehrtx Profx. Lann Hornscheidt'.Andere Möglichkeiten werden auf der persönlichen Homepage erwähnt.", Link: www.gender.hu-berlin.de/zentrum/personen/ma/1 682 130/
„Umkleideblues" von Lann Hornscheidt, Link: www.lannhornscheidt.com/2013/04/11/umkleideblues

50 „Umkleideblues" von Lann Hornscheidt, Link: www.lannhornscheidt.com/2013/04/11/umkleideblues

51 „Politiker fordern Badezeiten nur für Transsexuelle", Welt online, 11. November 2014, Link: www.welt.de/regionales/berlin/article134 244 605/Politiker-fordern-Badezeiten-nur-fuer-Transsexuelle.html

52 Antwort der Bundesregierung auf die Kleine Anfrage im Bundestag zur sozialen Lage von Transsexuellen, Intersexuellen und Transgender, Drucksache 18/2382, Download-Link: dipbt.bundestag.de/doc/btd/18/024/1 802 482.pdf

53 Broschüre „Für mich bin ich o.k.! Transgeschlechtlichkeit als Thema bei Kindern und Jugendlichen" als Download bei Berlin.de, Link: www.berlin.de/lb/ads/gglw/publikationen/

54 Jochen-Martin von Gutsch: „Ampelweibchen", 26. Mai 2014, Spiegel online, Link: www.spiegel.de/spiegel/print/d-127 203 959.html

55 Charles Bukowski: „*Feminismus* existiert nur, um hässliche Frauen in die Gesellschaft zu integrieren."

56 „Alles außer Schweinkram" – taz.de, 2. März 2012, Link: www.taz.de/!88 811/

57 „A sex toy that isn't just a sex toy. It's a sexual revolution, the vibrating

underground. It's The Resistance", Link: www.picobong.com/en/product-detail.
php?id=45

58 Liste der Workshops im Sexshop „Other Nature"; Link: other-nature.de/news/workshops; Stand Januar 2015

59 „Straßen, Wege und Plätze – Umsetzungsbeispiel von Gender Mainstreaming" auf der Internetpräsenz der Stadt Wien; www.wien.gv.at

60 „Gleichstellungsaktionsplan für Wien"; www.wien.gv.at

61 Bildungskindergarten „fun & Care"; www.zeitraum.org

62 „Österreich: Bildungsministerin im Hymnen-Shitstorm"; Spiegel online vom 24. Juni 2014; www.spiegel.de/politik/ausland

63 Heinisch-Hosek: Sexualerziehung kann nicht früh genug beginnen; Die Presse online vom 31. Oktober 2014; www.diepresse.com.

64 Esther Hutless und Elisabeth Schäfer: „Conchita Wurst: Super-Weiblichkeit mit Bart"; www.diestandard.at vom 13. Mai 2014

65 „Gendergerechter Mediziner-Aufnahmetest war nicht verfassungswidrig"; Wiener Zeitung online vom 28. Oktober 2014; www.wienerzeitung.at

66 „Leitfaden für gendergerechtes Formulieren und Bildverwendung für StudentInnen und LektorInnen" der Fachhochschule des BFI Wien. Als Download auf www.fhvie.ac.at

67 Verschiedene Leitfäden aufgelistet beim Österreichischen Bundesministerium für Bildung und Frauen; www.bmbf.gv.at

68 „Unigesetz: Unis und ÖH befürchten „Männerquote"; Die Presse online vom 30. Oktober 2014; diepresse.com

69 Bundesgesetzblatt für die Republik Österreich; Ausgegeben am 13. August 2013, Teil II, 240. Verordnung der Bundesministerin für Unterricht, Kunst und Kultur betreffend den Frauenförderungsplan für das Bundesministerium für Unterricht, Kunst und Kultur (Frauenförderungsplan BM UKK); www.ris.bka.gv.at/Dokumente

70 Das freie Wort: Briefe an den Herausgeber – Offenen Brief an Bildungs- und Frauenministerin Gabriele Heinisch-Hosek sowie Wissenschafts- und Wirtschaftsminister Reinhold Mitterlehner; veröffentlicht am 12. Juli 2014 in der Kronen Zeitung; www.krone.at

71 Das „Vaterunser" in einer feministischen Version auf der Seite: http://frauensprache.com/vaterunser.htm

72 Die Bibel in gerechter Sprache; Link: www.bibel-in-gerechter-sprache.de

73 Hanne Köhler: Der Aufkleber „politisch korrekt"; Link: www.bibel-in-gerechter-sprache.de/wp-content/uploads/politischkorrekt.pdf

74 „Sie ist unser bester Mann! – Wirklich?" Folder der EKD zu geschlechtergerechter Sprache, Link: www.ekd.de/download/Folder_geschlechterger_Sprache.pdf

75 Aktion Eine Tür ist genug der EKD, Link: eine-tuer.de

76 „Vater und Mutter im Himmel" – Interview mit Claudia Janssen, Spiegel online, 25. Oktober 2006; Link: www.spiegel.de/unispiegel/studium/politisch-korrekte-bibel-vater-und-mutter-im-himmel-a-442 067.html

77 Claudia Janssen: „Lebendig als Du: Die Orientierungshilfe und die Bibelwissenschaft", Magazin „zeitzeichen – Evangelische Kommentare zu Politik und Gesellschaft", Ausgabe 10/2013; Link: www.familienpapier.evangelisch.de/debattenbeitraege/lebendig-als-du-die-orientierungshilfe-und-die-bibelwissenschaft-51

78 Lucie G. Veith: „Tischrede zur Eröffnung des Studienzentrums für Genderfragen in Kirche und Theologie", 7. April 2014; Link: www.ekd.de/vortraege/2014/20 140 407_eroeffnung_studienzentrum_genderfragen_veith.html

79 Nikolaus Schneider: „Tischrede zur Eröffnung des Studienzentrums für Genderfragen in Kirche und Theologie", 7. April 2014; Link: ekd.de/studium_bildung/vortraege/20 140 407_eroeffnung_studienzentrum_genderfragen_tischrede_schneider.html

80 „Weder Mann noch Frau" Interview mit Heinz-Jürgen Voß in Chrismon, September 2013; Link: chrismon.evangelisch.de/artikel/2013/weder-mann-noch-frau-19 543

81 Heinz-Jürgen Voß: „Making Sex Revisited – Dekonstruktion des Geschlechts aus biologisch-medizinischer Perspektive" (3., unveränderte Auflage 2011); Link: www.transcript-verlag.de/978-3-8376-1329-2/making-sex-revisited

82 Berichte aus der Arbeit der Ständigen Kammern und Kommissionen sowie der Ad-hoc Arbeitsgruppen der Evangelischen Kirche in Deutschland, Seite 20; Link: http://www.ekd.de/download/kammern_kommissionen__2010.pdf

83 Institut für Gender und Diversity in der sozialen Praxisforschung an der Katholischen Hochschule für Sozialwesen Berlin, Link: www.khsb-berlin.de/nc/aktuelles/aktuelles-detailansicht-default/news/neues-institut-fuer-gender-und-diversity-an-der-khsb/

84 Gleichstellungsprojekt „Frauen in Führung" bei der Caritas, Link: www.caritas.de/fuerprofis/fachthemen/caritas/fraueninfuehrung/fraueninfuehrung

85 „Gender Mainstreaming im Nationalpark Eifel – Entwicklung von Umsetzungsinstrumenten", 2005; Link: www.isoe.de/ftp/nrwgender/bericht_nationalpark.pdf

86 „Do women and men ride differently? If so, horses cannot tell the difference!" Link: http://idw-online.de/en/news599031

87 „Terrorism, Gender and History" – *Sonderheft der Zeitschrift Historical Social Research, herausgegeben von Sylvia Schraut & Klaus Weinhauer; Link:* http://idw-online.de/de/news596499

88 „Welches Geschlecht brauchen Roboter?"; Link: http://ekvv.uni-bielefeld.de/blog/uniaktuell/entry/eine_eigene_roboter_kultur_entwickeln; Universität Bielefeld, Applied Informatics Group; Link: http://aiweb.techfak.uni-bielefeld.de/flobi-head

89 Zentraleinrichtung zur Förderung von Frauen- und Geschlechterforschung (ZEFG) an der Freien Universität Berlin; Datenbank der Professuren mit einer Teil- oder Voll-Denomination für Frauen- und Geschlechterforschung / Gender Studies an deutschsprachigen Hochschulen, Tabelle 1, Stand 4. Dezember 2014; Link: www.zefg.fu-berlin.de/Datenbanken/Genderprofessuren/tabellarische_zusammenfassungen

90 Zentraleinrichtung zur Förderung von Frauen- und Geschlechterforschung (ZEFG) an der Freien Universität Berlin; Datenbank der Professuren mit einer Teil- oder Voll-Denomination für Frauen- und Geschlechterforschung / Gender Studies an deutschsprachigen Fachhochschulen – insgesamt und systematisiert nach Bundesländern und Hochschulen, Tabelle 2, Stand 12. Dezember 2014; Link: www.zefg.fu-berlin.de/Datenbanken/Genderprofessuren/tabellarische_zusammenfassungen

91 Stand Oktober 2014

92 Disziplinäre Verortung aller Professuren mit einer Teil- oder Voll-Denomination für Frauen- und Geschlechterforschung / Gender Studies an deutschsprachigen Hochschulen – insgesamt und systematisiert nach Disziplinen, Stand 10. Dezember 2014; ZEFG-Datenbank, Tabelle 5; Link: www.zefg.fu-berlin.de/Datenbanken/Genderprofessuren

93 DFG Graduierten Kolleg 1599 an der Universität Kassel und Göttingen; Link: www.raum-geschlecht.gwdg.de/

94 Interdisziplinäres Graduiertenkolleg „Gender und Bildung" an der Universität Hildesheim; Link zum Transdisziplinären Gender-Zertifikat: www.uni-hildesheim.de/ueber-uns/organisation/weitere-einrichtungen/gleichstellungsbuero

95 Helene Lang Kolleg – Queer Studies und Intermedialität, Link: www.uni-oldenburg.de/forschung/hlk-queer/forschungsfragen

96 Technische Universität Berlin: „genderDynamiken: Fallstudien zur Verschränkung von Fachkulturen und Forschungsorganisationen am Beispiel der Physik, Link: www.zifg.tu-berlin.de/menue/forschung/genderdynamiken

97 „Nach Bologna: Gender Studies in der unternehmerischen Hochschule", eine Untersuchung in Deutschland, Österreich und der Schweiz, TU Berlin und KFU Graz; Link: genderchange-academia.eu/nach-bologna-gender-studies-in-der-8222unternehmerischen-hochschule8221/projekt.html

98   Ludwig Maximilians Universität München: „Soziologische Explorationen zur (Neu) Kodierung der Geschlechterdifferenz am Beispiel der Schönheitschirurgie", Link: www.gender.soziologie.uni-muenchen.de/forschung/laufend/dfg_neu_12/index. html

99   Universität Köln: „Leib Christi – gendertheoretische Dekonstruktion eines zentralen theologischen Begriffs"; Link: www.kaththeol.uni-koeln.de/236.html?&L=0

100   Universität Bielefeld: „Geschlechterdisparitäten in Berufs- und Karriereverläufen von MathematikerInnen und PhysikerInnen innerhalb und außerhalb klassischer Beschäftigungsmodelle", Link: www.uni-bielefeld.de/IFF/forschung/projekte/gesv/ disparitaet.html

101   FernUniversität Hagen: „De jure und de facto: Professorinnen in der Rechtswissenschaft. Eine Untersuchung der Bedingungen von Professorinnenkarrieren zur Verbesserung der Organisationsstruktur und -kultur in der Rechtswissenschaft." Link: http://www.fernuni-hagen.de/jurpro/index.shtml

102   Hochschule Furtwangen: „STAFF – Aufstieg und Aufenthaltsdauer von qualifizierten Forscherinnen in Forschung & Entwicklung"; Link: http://www.staff-projekt-hfu.de

103   „Gender und Sprache in Südosteuropa: Sprachliche Manifestationen von Genderkonzeptualisierungen in Albanien, Kroatien und Serbien"; Professor Dr. Lann A. Hornscheidt, Zentrum für transdisziplinäre Geschlechterstudien an der Humboldt-Universität zu Berlin und Professor Dr. Christian Voß Humboldt-Universität zu Berlin Institut für Slawistik; Link: gepris.dfg.de/gepris/OCTOPUS/;jsessionid= E7358CF47ED0B509F7BE3A0F0D75578A?module=gepris&task=show-Detail&context=projekt&id=168297049

104   „Sexuelle Moderne und Wahn", Link: www.kulturen-des-wahnsinns.de/teilprojekte/ erstephase/e-sexuelle-moderne-und-wahn/

105   Netzwerk Frauen- und Geschlechterforschung NRW Koordinations- und Forschungsstelle; www.gender-curricula.com

106   Prof. Dr. Günter Buchholz: „Gender Studies – Die Niedersächsische Forschungsevaluation und ihre offenen Fragen, Link: http://www.odww.de/index.php?navID=100&uid=601

107   Bundesstiftung Magnus Hirschfeld bei Wikipedia, Link: ikipedia.org/wiki/Bundesstiftung_Magnus_Hirschfeld http://www.odww.de/index.php?navID=100&uid=601

108   Institut für Sexualwissenschaft (1919–1933); eine Online-Ausstellung der Magnus-Hirschfeld-Gesellschaft; Link: www.hirschfeld.in-berlin.de/institut/de/theorie/ theo_03.html

109   „Homophobie, Sexismus unter Männern und andere Heteroängste", Dokumentation der Fachtagung in Kooperation mit dem Forum Männer in Theorie und Praxis der Geschlechterverhältnisse Zentrum für transdisziplinäre Geschlechterstudien an der Humboldt-Universität zu Berlin (ZtG); Link: www.gwi-boell.de/deum zu/2013/12/06/homophobie-sexismus-unter-m%C3%A4nnern-und-andere-hetero%C3%A4ngste

110   „Gender, Wissenschaftlichkeit und Ideologie: Argumente im Streit um Geschlechterverhältnisse" Herausgegeben von der Heinrich Böll Stiftung; Autoren: Regina Frey, Marc Gärtner, Manfred Köhnen und Sebastian Scheele; Link: www.gwi-boell.de/ de/2013/11/20/gender-wissenschaftlichkeit-und-ideologie-argumente-im-streit-um-geschlechterverh%C3%A4ltnisse

111   EIGE – European Institute for Gender Equality; Link: eige.europa.eu/content/ about-eige

112   „The multi-annualfinancial framework 2014–2020 from an gender equality perspective"; Link: www.europarl.europa.eu/document/activities/cont/201201/20120123ATT36024/20120123ATT36024EN.pdf

113   Statement der European Women's Lobby, WIDE und CONCORD zu den Ausgaben der EU zu Gender-Gerechtigkeit; Link: http://www.esf-gleichstellung.de/

fileadmin/data/Downloads/Aktuelles/EWL_WIDE_CONCORD_position_on_
the_post_2013_MFF.pdf

114   Erklärung der Grünen Jugend, warum nur „weiblich" und „nicht-weiblich": „Eine Diskriminierung von Männern und Jungen liegt durch eine solche Abfrage keinesfalls vor. Weder das Allgemeine Gleichbehandlungs-Gesetz (AGG) noch andere wissenschaftliche Quellen liefern dazu Anhaltspunkte"; Link: www.gruene-jugend. de/weiblich_nicht_weiblich

115   BUMS*-Seminar der Grünen Jugend Niedersachsen; Link: www.gj-nds.de/aktuelles/nachrichten/nachricht/246-bums-seminar

116   Erklärung des Bundesvorstandes der Grünen Jugend anlässlich des zehnjährigen Jubiläums des Inkrafttretens des Lebenspartnerschaftsgesetzes; Link: www.gruenejugend.de/node/12 215

117   Zitiert bei Amelia Hill: „If you want to find true happiness – just fake it"; The Guardian, 2006: „When a woman reaches orgasm with a man she is only collaborating with the patriarchal system, eroticising her own oppression" Sheila Jeffreys: Link: http://www.theguardian.com/uk/2006/sep/03/gender.books

118   Gender Manifest, 2006, Berlin; Link: www.gender.de/mainstreaming/GenderManifest01_2006.pdf

119   Interview mit Bascha Mika, Spiegel online: „Jedes Jahr bedeutet Abzug in der Gesamtnote"; Link: http://www.spiegel.de/kultur/gesellschaft/mutprobe-interviewmit-bascha-mika-ueber-das-aelterwerden-von-frauen-a-954 191.html

120   Interview mit Bascha Mika, Cicero: „Sexisten sind kommunikationsunfähige Soziopathen"; Link: www.cicero.de/berliner-republik/sexisten-sind-kommunikationsunfaehige-soziopathen/53 338

121   „Die Ideologie von Top und Bottom"; Queer.de; 12. Januar 2014; Link: www.queer. de/detail.php?article_id=20 793

122   Dr. David Berger: „Schwuler Trend: Haarig und männlich sollen sie sein"; Huffington Post Online, 25. Dezember 2014; Link: www.huffingtonpost.de/david-berger/schwuler-trend-haarig-und-mannlich-sollen-sie-sein-_b_6 377 856.html

123   „Two single mums (one Pregnant), their children – and no dad in sight." Daily Mail online; 30. Oktober 2014; Link: www.dailymail.co.uk/news/article-2 814 642

124   EMMA Ausgabe Januar/Februar 2015; Puffs und Pädos in Schulbüchern „Kinderfreunde – es geht weiter" Seite 37/38. Link: http://www.emma.de/ausgabe/ausgabejanuarfebruar-2015–318 167

125   Die Strategie „Gender Mainstreaming", erklärt auf der Internetpräsenz des Bundesministeriums für Familie, Senioren, Jugendliche und Kinder; Stand 9. Juli 2014; Link: http://www.bmfsfj.de/BMFSFJ/gleichstellung,did=192 702.html?view=renderPrint

126   „Tolerant? Sind wir selber" – Eine filmische Intervention; Gunda Werner Institut für Feminismus und Geschlechterdemokratie/ Heinrich Böll Stiftung; Link: http://www.gwi-boell.de/de/tolerant-sind-wir-selber-eine-filmische-intervention

127   Jens Jessen: „Revolution von oben?"; Ein Gespräch mit dem Geschichtsdidaktiker Martin Lücke über Sinn und Zweck von staatlich verordneten Gendertheorien. 8. März 2014 Zeit Online; Link: http://www.zeit.de/2014/10/interview-martinluecke-staat-gendertheorien

128   Interview Ursula von der Leyen in DIE WELT, 18. November 2005 „Männer, die dazu nicht bereit sind, werden keine Partnerin mehr finden." Link: http://www.welt.de/print-welt/article178 755/Den-Familien-bleibt-mehr-von-ihrem-Geld.html

Gegen den Gleichheitswahn.

Gebunden · Mit Schutzumschlag
224 Seiten · € 17,99
ISBN 978-3-942208-09-3

 Auch als eBook erhältlich.

„Es gibt hunderttausende Frauen wie mich in diesem Land. Frauen, die gerne Frauen sind, es gerne zeigen und das auch nicht ständig diskutieren müssen. Und Mütter, die gerne Mütter sind. Sie alle haben in Deutschland keine Lobby."

Birgit Kelle

Als der „Fall Brüderle" in ganz Deutschland zu einer Sexismus-Debatte führte, ergriff die Journalistin Birgit Kelle mit ihrem Artikel „Dann mach doch die Bluse zu" das Wort. In ihrem gleichnamigen Buch macht sie deutlich, dass der Alt-Feminismus à la Schwarzer die Mehrheit der Frauen nicht vertritt. Und sie steht auf gegen den „Gleichheitswahn": Männer und Frauen sind unterschiedlich – und das ist auch gut so!

Leseprobe unter www.adeo-verlag.de

Verlagsgruppe Random House FSC® N001967
Das für dieses Buch verwendete FSC®-Papier *Munken Premium Cream*
liefert Arctic Paper Munkedals AB, Schweden.

1. Auflage März 2015
2. Auflage März 2015
3. Auflage April 2015
4. Auflage Mai 2015
Bestell-Nr. 835045
ISBN 978-3-86334-045-2

Umschlaggestaltung: Gute Botschafter GmbH, Halten am See

Satz: Greiner & Reichel, Köln
Druck: GGP Media GmbH, Pößneck
Printed in Germany